环卫车辆外观色彩设计研究

Research on Appearance Color Design of Sanitation Vehicle

张晓东　王琛　著

化学工业出版社

·北京·

图书在版编目（CIP）数据

环卫车辆外观色彩设计研究/张晓东，王琛著. —北京：化学工业出版社，2019.10
ISBN 978-7-122-35039-8

Ⅰ.①环… Ⅱ.①张…②王… Ⅲ.①公路养护-车辆-配色-外观设计-研究 Ⅳ.①U418.3②J063

中国版本图书馆CIP数据核字（2019）第166737号

责任编辑：李彦玲	封面设计：张晓东
责任校对：宋 玮	装帧设计：王 琛 薛佳莹 曲兴旺

出版发行：化学工业出版社（北京市东城区青年湖南街13号　邮政编码100011）
印　　刷：北京京华铭诚工贸有限公司
装　　订：三河市振勇印装有限公司
889mm×1194mm　1/16　印张10½　字数150千字　2019年10月北京第1版第1次印刷

购书咨询：010-64518888　　　　　　　售后服务：010-64518899
网　　址：http://www.cip.com.cn
凡购买本书，如有缺损质量问题，本社销售中心负责调换。

定　　价：98.00元　　　　　　　　　　　　　　　　　　版权所有　违者必究

序

习近平总书记指出：生态环境保护是功在当代、利在千秋的事业；建设生态文明，关系人民福祉，关乎民族未来。

以"中国方案"为目标的工业设计学科的"抽象思维能力""产品基础的研究""分享的服务型产业链"的新结构、系统产业业态的"社会设计"研究将是未来设计的立足之本。

真正的中国的传统"精神"与"可持续发展"的设计伦理和哲学思想，应该成为我们设计行业最坚实的道德基准线。

今年正值"包豪斯"诞生100周年。

包豪斯是现代设计的鼻祖，通过设计拥抱了工业社会的价值，以"为大众服务"的理想主义，奠定了现代设计理论和现代设计教育体系。包豪斯的哲学在于：不断重塑艺术与工业设计之间的"关系"，模糊艺术、工艺、建筑的边界——跨界、集成、整合的思维；强调对"造型元素"的观察必须在分析基础上进行研究，同时形式与功能是要结合成为一个整体的；遵循"脱离系统结构的'元素'是毫无意义的"的原则；力图探索艺术与技术的新统一，即创新——"再格式化"。

因此，我们要继承的是"包豪斯"精神，而不是"风格"。

设计不能仅跟随市场、满足消费，要看到这个世界真正的需求——是need（必须），而不是want（希望），从而"定义需求、引领需求、创造需求"。设计不应只是"商业和技术"的尾巴，以"创造新物种"为核心的工业设计产业将助力中国制造跻身于发达国家主导的产业链平台上全面崛起。

具象的"造型"仅仅是针对"问题"思考后，提出解决问题的结果！要纠正"非技术即艺术"、"功能"与"形式"对立的错误观念！

党的十九大提出：满足人民对美好生活的需要。这种消费升级急需产业结构转型和升级。新时代的"美好"的生活方式同样需要与生俱来的超前和先导作用的"工业设计思维"的引导。同时，未来的产业结构必须适应个性化、定制化、集约化的"生产方式"转型升级的需要,这对"工业设计"提出了更高、更普遍的要求。

北京市环卫车辆的外观色彩在北京印刷学院设计团队的系统研究与创新设计下,已逐渐改变了社会大众对环卫行业在城市道路上的形象认知,助推了首都"四个中心"建设,是将北京建设成为国际一流的和谐宜居之都的具体举措。

此项目的意义更在于它是由政府层面牵头,委托企业(北京环卫集团)组织的政产学研一体化的科研项目,并由各协作单位的专家一起起草此地方标准和企业品牌策划,其示范作用不可低估。

此设计项目在本书稿写作结束之时,以北京印刷学院张晓东教授带领的团队仍在进行研究,自 2014 年 9 月 7 日项目正式启动,至今已有将近五年时间。这种锲而不舍的工匠精神正是中国设计界同仁们的榜样,寄希望于设计师们为探讨"中国方案"的设计篇,贡献我们的毕生精力。

2019 年 7 月 5 日

目录

1 **引言** / 1
    1.1 研究目的与意义 / 3
    1.2 研究对象与研究范围概述 / 4
    1.3 国内外研究现状 / 6

2 **环卫车辆色彩调研与分析** / 9
    2.1 环卫车辆色彩研究范围概述与界定 / 11
    2.2 国外环卫车辆色彩研究 / 14
    2.3 国内环卫车辆色彩研究 / 62
    2.4 调研结果分析与设计目标 / 75

3 **环卫车辆色彩影响因素与漆色研究** / 77
    3.1 色彩属性与色彩影响 / 78
    3.2 北京市行业车辆色彩分析 / 84
    3.3 车漆研究 / 87

4 **北京市环卫车辆色彩设计体系构建** / 93
    4.1 调研基础与设计理念导向 / 94
    4.2 统一车辆形象方法 / 100
    4.3 环卫车辆图案设计 / 105

5 **设计应用与检测** / 109
    5.1 环卫车辆色彩设计应用方案 / 110
    5.2 环卫车辆标志设计方案 / 137
    5.3 中华人民共和国纪念抗日战争胜利 70 周年阅兵式"金耀蓝"环卫车辆色彩设计 / 138
    5.4 京环装备环卫车辆外观色彩设计 / 142
    5.5 北京市环卫车辆地方标准研究 / 144
    5.6 庆祝中华人民共和国成立 70 周年环卫车辆外观色彩设计 / 154

后记 / 156

参考文献 / 157

1 引言

习近平总书记指出：生态环境保护是功在当代、利在千秋的事业；建设生态文明，关系人民福祉，关乎民族未来。北京市的环卫事业紧紧围绕新时期首都城市发展战略定位，从建设国际一流和谐宜居之都的目标出发，全面提高环境卫生作业水平和管理水平，着力构建环境卫生全过程精细化管理体系，推动环境卫生管理工作实现可持续发展。本书涉及了对环卫装备的细分研究，内容是围绕作为城市化管理重要组成部分的北京市城市车辆车身色彩设计这个实际项目展开的。此项目在本书稿写作结束之时还在进行，自2014年9月7日项目正式启动，至今已有将近五年时间。

北京市城市车辆车身色彩设计项目一直是按着两个子项目在进行研究与实践，第一，是在政府层面，即北京市城市管理委员会（原北京市市政市容管理委员会，2016年更名）委托北京环卫集团进行的《环卫作业车辆标识及车身色彩要求》（北京市地方标准）科研项目。此项目请北京印刷学院张晓东与北京环境工程技术有限公司、北京环境卫生工程集团有限公司、北京市清洁机械厂有限公司等单位专家一起起草此地方标准，涉及车辆标识及车身色彩的相关研究，完全由北京印刷学院完成，并经过多轮专家论证已形成初步方案，在2019年北京"两会"期间，四款环卫车辆车身色彩系统设计在由市政府办公厅主办的北京电视台"市民对话一把手·以人民为中心"大型直播访谈节目中亮相。北京市城市管理委员会主任在谈到城市治理中垃圾分类问题时，展示出了设计图稿，指出通过统一车身色彩系统和标识系统在内的车辆外观即"五统一"，以此杜绝垃圾混装混运，提高城市环境治理水平。此色彩系统设计理念关注民生，以方便大众和作业单位识认为前提，注重功能性、识别性、整体性、便捷性，作为《北京市环卫车辆色彩及标识地方标准》的重要组成部分，与环卫分类功能系统紧密契合，将在未来几年内全市范围内全面实施此新环卫车辆车身色彩系统，以改变大众对环卫车辆原有的消极认识，提升城市垃圾分类效能，构建起一道靓丽的北京城市流动风景线。

第二，是在企业层面即北京环境卫生工程集团有限公司（以下简称"北京环卫集团"）下属单位环卫装备有限公司（以下简称"京环装备"），委托北京印刷学院（以下简称"北印"）对企业环卫产品进行全方位再造，特别是在企业品牌策划与打造层面。京环装备前身是中华人民共和国成立后全国第一家环卫车辆制造厂，在当前竞争激烈的环卫机械产品行业，为了保证环卫车辆的研发始终处于行业领先地位，产品销售市场规模不断扩大，最终成为全球领先的环卫装备解决方案供应商。设计团队对企业的品牌文化、环卫产品色彩系统设计等内容进行了系统的梳理与产品设计谱系构建，为京环装备设计了全系列产品色彩系统（清风系列、紫电系列、炫酷系列、碧飞系列等），实现了"深耕北京，辐射京津冀，拓展全国，适度海外"的产业布局原则。2015年，更是设计出了具有行业领军效应的纯电动零排放洗地车"金耀蓝"车身色彩，并作为天安门区域环卫保障用车，参与纪念世界反法西斯战争胜利70周年暨9·3阅兵仪式，获得社会各界好评，也初步形成了京环装备的环卫专用车辆色彩形象系统。京环装备的环卫车辆色彩设计风格，也深深地影响了全国环卫机械制造企业对产品色彩形象的思考，还在国家博物馆"伟大的变革——庆祝改革开放40周年大型展览"中展出。

1.1　研究目的与意义

《北京城市总体规划(2004—2020年)》确定北京的城市性质为国家首都、国际城市、文化名城、宜居城市。北京作为中国首都,具有其他城市不具有的重要地位。随着经济的发展,社会体系的完善,北京已逐渐成为国际都市。

在首都发展过程中,环卫行业企业起到了保驾护航的作用,道路清扫保洁、固废收集、垃圾转运及综合处理、可再生废弃物资源化等一系列环卫服务都为首都的发展提供了坚实可靠的保障。

环卫车作为提供环卫服务的主要工具,具有数量众多、大部分体积庞大、行驶速度较低等特点,这样的车辆每天行驶在北京的大街小巷,作为城市流动色彩的一部分,时刻影响着观者对北京城市的视觉体验,环卫车辆是北京城市环境形象的重要组成部分。鉴于北京市大多行业的车辆形象都已有了统一色彩规划,如出租车、公交车、警车、邮政车、抢险车、渣土运输车等等,北京市环卫车辆的色彩杂乱问题就显得尤为明显。

环卫车辆作为城市交通工具的一部分,承载着重要责任与使命,以北京市目前的情况来看,环卫单位大部分仍属于国有企业,其形象也代表着国有企业的精神面貌。北京市在大环境利好、国际地位攀升之际,整个首都环卫行业的色彩规划与形象识别也是势在必行、潮流所趋。

北京市环卫车辆色彩规划是影响北京市城市形象的重大规划,草率与不合理的设计都将为北京各环卫单位与北京的城市形象带来高成本的长远不利影响。环卫车车身色彩设计本身跨越多个设计领域,环卫车作为一种产品,其色彩设计可视为产品设计中产品色彩设计的小部分分支,而作为城市行业车辆,其色彩又与城市色彩、城市地位、城市文化等众多因素相互关联,车辆色彩同时也是城市视觉景观色彩设计的重要组成部分,因此,本书致力于专业化、跨领域、细致全面的研究,针对北京市环卫车辆色彩这一对象进行研究与设计。

1.2 研究对象与研究范围概述

扎实的理论研究、合理的设计实践，统筹考虑各个方面影响因素，充分调研与细致归纳整理是研究手段。尝试与创新，提出研究设计一体化体系而最终形成理论指导实践的局面是本研究的目标。通过对环卫车辆的色彩进行设计，来改变环卫行业在一些大众心中的刻板印象，满足行业对于车辆色彩功能方面的需求，体现首都环卫的精神面貌、首都的视觉文化层次，体现车辆的行业性与地域特点，视觉上舒适而特别，达到悦人悦己的效果，最后使首都行业车辆的色彩规范更加完善彻底。在进行设计研究时，首先应理清环卫车的概念。一般而言，提到环卫车，人们容易想到运输垃圾的车辆，至多会想到清扫路面的车辆，然而垃圾运输车与道路清扫车只是环卫车辆大类目下的一小部分，并不等同于环卫车。

在环卫车辆色彩设计这一看似单一大标题下的研究对象，实际是非常繁复的。就单个车辆来说，色彩设计范围包括车身漆色的色彩、漆色的使用、车辆喷涂图案等。目前就北京市的环卫车辆来看，用简单直观的分类方式可以将环卫车辆分为扫路车、洗扫车、洒水车、吸粪车、餐厨垃圾车、压缩式垃圾车、集装

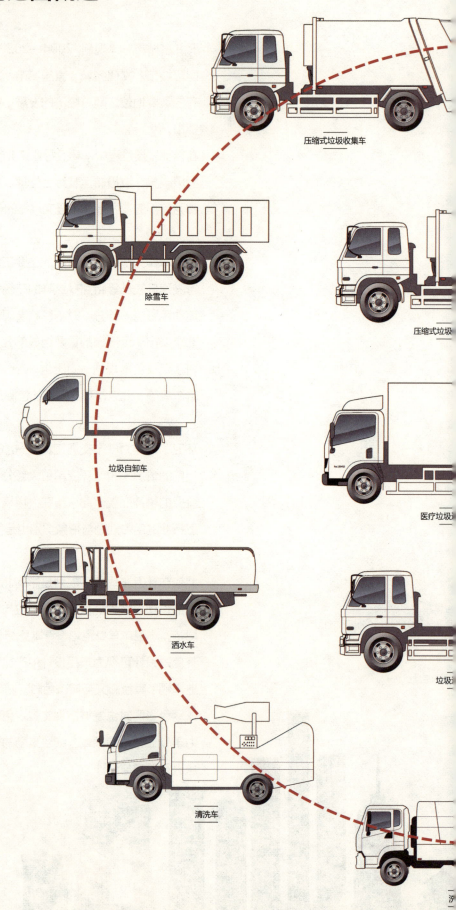

箱式垃圾车、自装卸式垃圾车、车箱可卸式垃圾车、医疗垃圾运输车、大型垃圾转运车、除雪铲冰车、小广告清洗车、移动厕所车等不超过30个类型。每一种类的车辆无论从体积还是车身结构来说，都可以与其他种类的车辆相差很多。不到30个类型只是粗略分类的结果，如果在每一种类中根据不同吨位、不同动力来源、不同作业区域等条件再进一步细分，将可分出数百种车辆，图中为少部分车型勾线示意图。

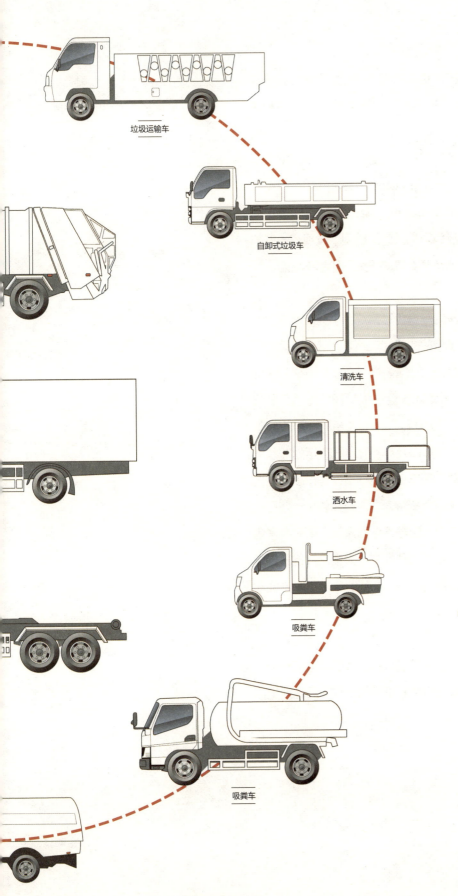

部分车型示意图

1.3　国内外研究现状

就理论研究层面来看，国内尚无成熟环卫车色彩研究，并且此领域少有研究人员涉足，以"环卫车 色彩设计""环卫车 色彩""环卫车 颜色"等相关关键字在相关学术搜索引擎中搜索不到相关研究成果，在谷歌学术中搜索出一篇相关文章《探究色彩美学在电动环卫车造型设计中的运用》（来自万方数据资源系统）。以"sanitation vehicle color""sanitation truck color""garbage truck color""road sweeper color"等为关键字检索不到相关文章，在检索与产品外观、产品色彩相关的关键词，发现有一些与工业产品相关的研究内容，其中部分地涉及了类似的研究，但都不全面。

清华大学美术学院苏华曾对北京市出租车的车身色彩系统、小型商用车的色彩设计、色彩理论与流行色等方面进行了相关的研究，发表了《色彩理论研究与色彩应用——北京出租车色彩设计方案分析》（《装饰》2008年12期）、《传统色彩寓意与色彩设计应用——北京环卫集团安定垃圾填埋场建筑色彩设计方案》（《中国流行色协会会议论文集》2010年）、《论CMF的主观体验：色彩》（《设计艺术研究》2017年）等文章以及苏华在2007年为北京环卫集团车辆所做的色彩设计实践成果，对车辆车身漆色标准、车漆喷涂的内容流程等细节均进行了一定的研究，相关研究资料为本研究提供了一些可靠的数据支持以及设计思路启发。但总体来说，仍缺乏全面系统的研究参考内容，在环卫车的相关研究领域，主要以技术性问题为主，大量论文是关于车辆机械功能、环境保护、车辆营销类等内容的研究，在环卫车辆色彩方面，国内外无专业理论研究成果可供参考。

就设计层面，从本研究的调研结果中看，国外环卫车的色彩设计意识与设计以功能与形象的整合为前提，环卫车辆车身的色彩是服务于车辆品牌视觉系统、企业品牌系统的一部分。

本研究从抽象的设计概念与设计理念出发，理清设计对象与内容，研究设计需要涉及的各方面内在因素与外部条件，分析设计理念内涵，构建设计系统，以此揭示环卫车辆色彩设计的本质特征。

研究团队根据调研及设计实践的成果，形成了《国外环卫车辆包装车身色彩标识研究——以纽约、巴黎为例》(《中国包装工业》2015年)、《北京市环卫车辆车身色彩设计研究》(《中国包装工业》2015年)等研究成果。

2014年10月在海淀区、西城区、门头沟区环卫服务中心实地调研与访谈现场

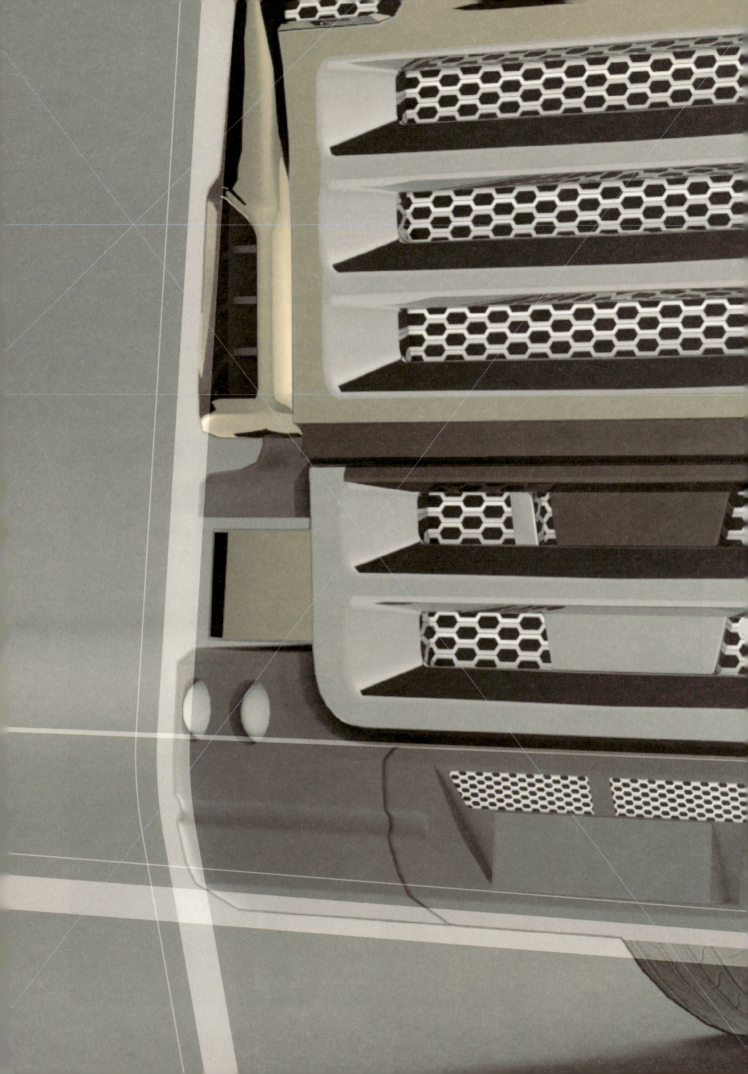

2 环卫车辆色彩调研与分析

环卫车辆外观色彩设计研究

2.1 环卫车辆色彩研究范围概述与界定

环卫,即环境卫生;环卫车是指用于城市市容整理、清洁的专用车辆,是一大类车辆的总称。环卫车的下属分类非常多,垃圾车、洒水车、扫路车是环卫车中数量最多的三大类。此三大类可根据外形或服务对象不同细分成小类:如垃圾车可分为餐厨垃圾车、压缩式垃圾车、集装箱式垃圾车、自装卸式垃圾车、车箱可卸式垃圾车、医疗垃圾运输车等;扫路车可分为清扫车、扫地车、扫路车、垃圾清扫车、道路清扫车等。除了三大类外,环卫车还包括其他各种环境卫生清洁治理相关的车辆,如吸污车、吸粪车、铲冰除雪车、移动厕所车、小广告清洗车、护栏清洗车等。

此处,我们所说的环卫车就是指所有服务于环境卫生的车辆,它们都基本隶属于环卫部门。环卫车数量庞大,种类众多,无论从体积、重量、外形结构来说,差异都非常大。

对页:北京市部分环卫车辆

本研究所指环卫车色彩范围包括车辆外饰漆部分、车身外部结构件部分，和会影响车身色彩的所有因素，如后期喷涂的作业单位名称、标语，车门处按照法规进行喷涂的一些规格，如准乘数、准载重，一些后期张贴的因素，如广告牌、标语等，以及法律规定的指示性标志，如危险品标志、反光条、特殊色彩标志等。

在某些国家、某些地区，车辆因所属部门不相同，而并不归为环卫车。通常我们所说的环卫车是指隶属于环卫部门的车辆，这与中国的国情相关。大多数中国的环卫部门属于国企，承包一切城市市容整理清洁方面的服务，因此环卫车这个名词被频繁使用。在美国，各个州和各个城市的情况有所不相同，纽约市与北京市情况相似，拥有负责市容的纽约环卫部门，但其他很多城市是将不同环卫服务外包给固定企业的，如 WM、Republic Services 等。

英国 DENNIS 牌垃圾压缩式车

Straßenfeger

sanitaŕe Anlagen

garbage truck

Propret é

vuilniswagen

スイーパー

straatveger

camions d'assainissement

camion à ordures

M ü llwagen

balayeuse

ごみ収集车

street sweeper

道路清扫车

sanitation vehicle

sanitation vehicle 这个名词在英语种国家很少使用，而是一些特定车种名词如 garbage truck、street sweeper 为人们所知。在调研中，多将关键字翻译成本国常用专业词汇进行查询。上面是一些各国语言的调研关键字。

2.2 国外环卫车辆色彩研究

在调研国外环卫车时发现，如果单按照城市分类来进行调研，某些城市的环卫车会有色彩重复现象。这种情况是不同地区的不同环卫体制所造成：有些城市会将环卫服务工作外包给环境服务公司，而车辆的色彩往往不带有城市特征，以企业规划为主；有些城市会成立本市的环卫部门，地位相当于国企，车辆色彩在本城市本部门内部统一，有着强烈的地域特色。因此，在调研中期将国外环卫车调研分为按城市分类与按企业分类两个方向来进行。

总体来说，国外环卫车的色彩设计意识较高，设计质量和要求也较高，一些城市环卫部门将环卫车色彩进行总体规划，使整个环卫行业与城市形象和谐互补，并且这些环卫部门还拥有单独的环卫标志，整体规划水平较高。国外的企业环卫车辆色彩往往作为企业形象的一部分，与企业视觉形象设计系统一致，整体审美符合企业形象，传达企业环保理念。

环卫车辆的车身色彩除了仰仗色彩喷涂设计外，还需要车身保洁来维护，调研过程中发现，某些车辆车身保洁工作不到位，导致环卫车色彩形象大打折扣，这种情况在国内国外均存在。

City Waste Services Mack R model garbage truck 垃圾车

环卫车辆外观色彩设计研究

Alpha ++	Beta +	Gamma +	High sufficiency	Sufficiency
London	Bangalore	Zagreb	Southampton	Florence
New York	Lisbon	Lahore	Indianapolis	Pretoria
Alpha +	Copenhagen	St Petersburg	Porto Alegre	Toulouse
Hong Kong	Santiago	Jeddah	Strasbourg	Arhus
Paris	Guangzhou	Durban	Gaborone	San Antonio
Singapore	Rome	Santo Domingo	Chengdu	Bremen
Shanghai	Cairo	St Louis	Richmond (Virginia)	Nashville (Tennessee)
Tokyo	Dallas	Islamabad	Pittsburgh (Pennsylvania)	Bologna
Beijing	Hamburg	Guayaquil	Tijuana	Canberra
Sydney	Düsseldorf	Baltimore	Austin	Nagoya
Dubai	Athens	San Salvador	Qingdao	Sacramento
Alpha	Manila	Cologne	Nassau	Providence (Rhode Is)
Chicago	Montreal	Phoenix	Tegucigalpa	Luanda
Mumbai	Philadelphia	Adelaide	Lille	Dalian
Milan	Tel Aviv	Bristol	Curitiba	Liverpool
Moscow	Lima	Charlotte (North Carolina)	The Hague	Jacksonville
Sao Paulo	Budapest	Georgetown (Cayman)	Hartford (Connecticut)	Puebla
Frankfurt	Berlin	Osaka	Wroclaw	Kaohsiung
Toronto	Cape Town	Tampa	Edmonton	Minsk
Los Angeles	Luxembourg	**Gamma**	Lausanne	Linz
Madrid	Houston	Glasgow	Dhaka	Tbilisi
Mexico City	Kiev	San Juan	Nürnberg	Las Vegas
Amsterdam	Bucharest	Marseille	Lusaka	Maputo
Kuala Lumpur	Beirut	Guadalajara	Kampala	Harare
Brussels	**Beta**	Leeds	Bilbao	Cardiff
Alpha -	Ho Chi Minh City	Baku	Douala	Xiamen
Seoul	Bogota	Vilnius	Abidjan	Birmingham (Alabama)
Johannesburg	Auckland	Tallinn	Salt Lake City	Leon
Buenos Aires	Montevideo	Raleigh (North Carolina)	Hangzhou	Port of Spain
Vienna	Caracas	Ankara	Poznan	Penang
San Francisco	Riyadh	Belfast	Wellington	Memphis (Tenessee)
Istanbul	Vancouver	San Jose (Ca)	Ottawa	Aberdeen
Jakarta	Chennai	Colombo	Dakar	Abuja
Zurich	Manchester	Valencia (Sp.)	Queretaro	Hannover
Warsaw	Oslo	Cincinnatti	Dresden	Surabaya
Washington	Brisbane	Milwaukee	Newcastle	Bern
Melbourne	Helsinki	Muscat	Skopje	Halifax
New Delhi	Karachi	Ljubljana	Nanjing	Ciudad Juarez
Miami	Doha	**Gamma -**	Tirana	Alexandria
Barcelona	Casablanca	Nantes	Chongqing	Bordeaux
Bangkok	Stuttgart	Tianjin	Belo Horizonte	Phnom Penh
Boston	Rio De Janeiro	Accra		Winnipeg
Dublin	Geneva	Algiers		Cali
Taipei	**Beta -**	Gothenburg		Greensboro
Munich	Guatemala City	Porto		Genoa
Stockholm	Lyon	Columbus (Ohio)		Medellin
Prague	Panama City	Utrecht		Santa Cruz
Atlanta	San Jose	Orlando		Montpellier
	Bratislava	Ahmedabad		Cordoba
	Minneapolis	Asuncion		Wuhan
	Tunis	Kansas City		Graz
	Nairobi	Seville		Jerusalem
	Cleveland	Turin		New Orleans
	Lagos	Dar Es Salaam		Rochester (NY)
	Abu Dhabi	Portland		Nice
	Seattle	Krakow		Pusan
	Hanoi	Managua		Windhoek
	Sofia	Pune		Dammam
	Riga	Leipzig		Christchurch
	Port Louis	Malmö		Recife
	Detroit	La Paz		Tashkent
	Calgary			Hamilton
	Denver			Reykjavik
	Perth			Naples
	Calcutta			Tulsa
	San Diego			Ludwigshafen
	Amman			Kingston
	Antwerp			Brasilia
	Manama			Johor Bahru
	Birmingham (UK)			Xi'An
	Nicosia			Macao
	Quito			Fukuoka
	Rotterdam			Sheffield
	Belgrade			Izmir
	Monterrey			Nottingham
	Almaty			Des Moines
	Shenzhen			Campinas
	Kuwait City			Chisinau
	Hyderabad			Haifa
	Edinburgh			Madison (Wisconsin)
				Yerevan
				Cebu
				Labuan
				Salvador

世界城市分级表

2.2.1　国外城市环卫车辆色彩研究

1999 年，GaWC（全球化与世界级城市研究小组）尝试为世界级城市定义和分类。世界级城市名册于 GaWC 5 号调查学报中概述，以国际公司的"高级生产者服务业"供应，如会计、广告、金融和法律为城市排名。GaWC 的名册确认了世界级城市的 3 个级别及数个副级别，由高到低顺序为 Alpha 级（下设四个副级别：Alpha++、Alpha+、Alpha 和 Alpha -）、Beta 级（下设三个副级别：Beta +、Beta 和 Beta -）、Gamma 级（下设三个副级别：Gamma +、Gamma 和 Gamma -）。

调研范围在第一级世界都市和第二级世界都市的第一个副级别都市中挑选了数个城市的环卫作业系统和车辆色彩对象，所选级别范围的城市如下。
第 1 级世界都市 ++：伦敦、纽约。
第 1 级世界都市 +：巴黎、东京、香港、上海、北京、新加坡、悉尼。
第 1 级世界都市：洛杉矶、芝加哥、米兰、多伦多、莫斯科、法兰克福、阿姆斯特丹、布鲁塞尔、吉隆坡、孟买、萨摩亚、马德里、墨西哥城。
第 1 级世界都市 -：首尔、旧金山、华盛顿、迈阿密、都柏林、墨尔本、苏黎世、新德里、慕尼黑、伊斯坦布尔、波士顿、华沙、维也纳、亚特兰大、巴塞罗那、台北、约翰内斯堡、布宜诺斯艾利斯、雅加达、华盛顿、曼谷、斯德哥尔摩、布拉格。
第 2 级世界都市 +：广州、杜塞尔多夫、蒙特利尔、罗马、汉堡、马尼拉、休斯敦、柏林、雅典、特拉维夫、班加罗尔、哥本哈根、开罗、开普敦、费城、布达佩斯、里斯本、达拉斯、利马、卢森堡、基辅、布加勒斯特、贝鲁特。
在前述第一级世界都市和第二级世界都市中抽样挑选 1 至 2 个城市进行环卫车辆色彩调研，除去调研渠道过难、环卫车辆色彩没有特色以及国内的城市，最终调研城市为：伦敦、纽约市、巴黎、米兰、洛杉矶、阿姆斯特丹、罗马。

另外，日本各县的蓝色环卫车，无论从喷涂质量还是图案设计方面都在亚洲区域内是较好的样本，特别的车头作为市政整体形象一部分的展翅图形，较好地与车身色彩共同构成了环卫车辆视觉识别系统。

由于世界每座城市各自的特点，环卫部门管辖范围的不同，调查内容有所区别。

纽约 | New York

（1）城市色彩

曼哈顿的摩天大楼密集地矗立在一起，在城市区域内，就如花旗银行集团大楼（Citicorp Building）闪烁的铝表皮那样，城市建筑色彩以中性色调较为常见，作为全世界最大、最忙碌的运输建筑，即纽约中央车站（Grand Central Terminal）等纽约地标建筑的建筑外立面的色彩以自然的石材为主，色彩显得庄重、典雅。另一方面，纽约拥有着众多的商业店面，餐厅、酒吧、商店等的外在色彩趋于多元化；到了夜晚，光怪陆离的霓虹灯色又成为了城市色彩的主角，想必这也是人们印象中的纽约大都会色彩形象。在这样复杂、多元的城市色彩的背景中，环卫车辆的车身色彩设计应考虑到识别性、安全性等基本功能。

纽约市夜景

（2）环卫行业介绍

纽约环卫部门（Department of Sanitation New York City，DSNY）成立于 1881 年，原名街道清洁部门，负责垃圾收集与处理。

如今纽约环卫部门是世界上最大的环卫部门，日收集回收居民以及各个单位垃圾废料超过 10,500 吨，可回收垃圾 1,760 吨。城市商业日产垃圾 13,000 吨，由私人运输公司收集。在现任长官 Kathryn Garcia 的领导下，纽约市的街道比 35 年前清洁了许多。

环卫部门有 7,197 名环卫制服工和负责人，2,048 名员工。为全纽约 59 个区提供环卫服务，拥有大约 5,700 辆车辆，包括 2,230 辆垃圾收集卡车，450 辆机械扫路车，275 辆专门垃圾收集卡车，365 辆撒盐/沙车，298 辆翻斗叉车，2,360 辆各种其他用途车辆。

如下图，收集卡车和扫路车是通体白色，而在雪天环境作业的车辆则是通体橘色。这种色彩设计以作业安全为第一考虑要素。

渣土车加雪耙　　　环卫工人在调整车前的雪蓖

扫路车　　　自卸式垃圾车

20世纪30年代车型　　　　　　　　　　　　20世纪50年代车型

（3）色彩分析

白色作为纽约环卫的代表颜色已经具有相当的历史，上图是20世纪30年代与50年代的纽约环卫车形象。之所以选择白色作为车辆色彩，乃源于纽约环卫的理念与公共健康之间的密切关系，纽约的标识设计中使用了墨丘利的节杖（医学的标志）符号，并以此来宣传环卫对于城市健康的重要影响。

与大部分企业采用纽约环卫标识色彩延伸至车辆色彩不同，由于历史原因，纽约环卫部门的车辆色彩一直保持白色，以医学白来作为纽约市环卫部门的色彩既具有象征意义，又具有实用价值，通体的白色喷涂，工艺十分简单，成本低廉。在之后的调研与分析中，也发现白色是最为耐脏的颜色，易于清洁，因此很适合作为环卫车的色彩。总体来说，纽约的环卫车色彩形象低调简单，百搭的白色作为无彩色也能够很好地融入城市色彩中，较大的体积加一致的色彩形象使得纽约环卫车具有良好的识别性。

垃圾运输车车加雪耙

纽约环卫部门作业车辆停车场

（4）车身标识分析

① 环卫标识。曾经，侧面标有"公共卫生"字样的白色卡车形象有将近30年的历史，我们现在所看到的标识是更加简洁的形象。

1929年，纽约环卫部门改成当前名称时（1881年成立初，它叫做街道清洁部门），它与健康部门以及健康问题的关系就已显而易见。纽约环卫部门的标识聚焦点是传统医学符号，caduceus——墨丘利的节杖（医学的标志），以此来宣传环卫对城市健康产生影响的观点。翅膀、员工和魔杖被结合在一起，因为那时的工人穿着白色的制服，被称为"白翅膀"。

2015年以前的标志

右侧上图所展示的标识是2015年以前的标志，也是在调研初期所看到的形象，其中心搭配有亮红色的字母S，黄色的墨丘利的杖放置在碧蓝色的背景上，图案周围环绕着 The City of New York Department of Sanitation 的字样。在调研末期，2015年底，纽约环卫部门对网站、标志等形象进行了改进升级（右侧下图）。改进后的标志其图案更为简洁，色彩由原先的红黄蓝三色改为绿色与灰色两种，代表"员工"（Staff）的字母S被去除，原先标志中蓝色底色改为了绿色，由于部门的员工制服一直以绿色为主，改进后的网站色调、标志色彩与员工制服色彩更为统一。

2015年以后的标志

所有新的或重新涂刷的车辆，从客车、收集卡车到翻斗叉车和垃圾填埋场的大型越野垃圾运输车，都会使用新的标识。新的标识也会绣在所有环卫工人和办公人员制服的左肩上。

环卫工人着夏季工服合影

纽约市环卫工人的制服：夏装是荧光黄色T恤，春秋外套为墨绿色制服，夏装和外套上都印有银色反光条，具有安全性。由于车身色彩是白色，这种两种制服颜色也与百搭的白色和谐。

纽约市长 Bill de Blasio 感谢环卫工人所做的贡献

② 其他标识。纽约环卫车身的标识种类很多，有的是各种车型都有的规定内容，也有一些不同的内容，如宣传标语等。下图中的扫路车身上印有"World's First ELECTRIC HYBRID Street Sweeper"（世界第一辆油电混合动力道路清扫车）字样，"KEEP NEW YORK CITY CLEAN DON'T LITTER"（保持清洁纽约，请勿乱扔垃圾）的宣传标语，sanitation（环卫）的字样，和 20XE-301 的内部编号。其中 sanitation 和内部编号是每辆车都有的规定内容，其他标识随车辆不同而变化。

有些车辆车身还有公益广告，既具有公益意义，又丰富了车身色彩，如下面图中的车辆。

油电混合扫路车

压缩式垃圾车

压缩式垃圾车

巴黎 | Paris

（1）城市色彩分析

巴黎城市分为老城和新城。老城里延续了 19 世纪中期巴黎建筑风格的样貌。巴黎塞纳河沿岸历史建筑群被联合国教科文组织列入世界遗产名录，这得益于法国于 1962 年颁布的《历史街区保护法》(通常称《马尔罗法》)。巴黎整体的建筑规划是在法国文化部的支持下，整个老城的建筑外立面的色彩为奶酪色与深灰色系，对建筑外立面的色彩进行粉刷和调整，还需要经过法国"国家建筑师"的认可，而且需要征求民众的意见。而因"大巴黎计划"而崛起的巴黎郊区拉德方斯区，则以更加现代的建筑聚集著称，潮流和前卫的色彩在新城得以释放。

巴黎城市俯拍

（2）环卫行业介绍

巴黎的环卫工作职责由市政服务承担大部分，小部分业务由私人公司承担。巴黎环卫部门有 4,800 名员工，巴黎市及私营机构（Derichbourg, Veolia et Pizzorno）现有 486 辆垃圾收集车辆，其中 241 辆直接由市政服务管理，私人公司提供其余的车队。每日收集 3,000 吨废弃物（第 2、5、6、8、9、12、14、16、17 和 20 区的废弃物由市政部门下辖的环卫部门收集）。巴黎环卫部门每日对 2,400 千米的人行道进行清洁，每日六次倾倒 2,900 千米的人行道上的 30,000 个废弃纸篓。巴黎环卫部门有 380 辆吸尘车，每周至少一次对 1,500 千米的道路进行吸尘与清洗。

巴黎市政网站中环卫广告

（3）色彩分析

巴黎环卫部门采用高饱和度、高明度的绿色作为主色，白色作为标识的颜色和辅色。大面积喷涂绿色主色的环卫车在以黄灰中性色为城市色彩的巴黎城市环境中给人以醒目的印象。从色相上来说，环卫车的绿色与巴黎城市主色调米黄色对比和谐；从色调上来说，环卫车的色彩纯度更高，与城市主色调形成一定对比，整体和谐而不平庸，醒目而不突兀。巴黎环卫的制服与环卫车同色，形象相当一致，在巴黎有 man in green（绿色着装的人）的称号。

根据作业内容，巴黎的环卫车也大致分为垃圾收集车、扫路车、洒水车几类，车型种类众多；此外还有一些专用车辆，如洗墙车。巴黎的环卫车在绿色通体喷涂的基础上，采用白色辅色带予以装饰，白色装饰的设置具有相当的灵活性，色带的数量、位置、倾斜程度都根据具体车型而定，如下图，车身面积太小的车辆不设辅色带，中型的车辆设置一条，大型车辆设置两条，车体结构倾斜的车辆，辅色带也相应倾斜。

白色跟绿色在明度上形成一定对比，具有一定的刺激度，比起全体绿色的车身，具有白色辅色带的设计更加活泼并具有设计感，而白色带的变化也使得车辆的整体形象在统一中富有变化性。另外，在巴黎的环卫车上可以看到相当宽大的红白相间的安全条，在车辆的前部、后部和侧面都有这样的设计。这样的设计首先是出于安全考虑，如此宽大的警示色带会为其他司机带来视觉上的警示感，避免碰撞；其次，红色和绿色互为补色，环卫车上这两种颜色的纯度都相当高，对比强烈，更具警示性。

总体来说，巴黎的环卫车色彩设计鲜艳大胆，在巴黎的城市环境中处于十分醒目的地位。

巴黎街道上的环卫车

对页：巴黎市的各种环卫车辆

（4）标识分析

① 环卫标识。法语 Propreté de Paris 是巴黎环卫的意思，巴黎环卫的标识中的图形是由 Propreté de Paris 中提取两个首字母 P 而来，标识采用简单的正负形设计，图形配文字，直观简洁，富有现代感和装饰性。

② 其他标识。巴黎的环卫车身上十分整洁，侧面除了部门环卫标识几乎没有其他标识，有些车辆会有 MAIRIE DE PARIS（巴黎市政的标识，是巴黎环卫部门的上属单位）的标识或贴有公益广告，如下图。

自卸式垃圾车

压缩式垃圾收集车

埃菲尔铁塔下的环卫车

洛杉矶 | Los Angeles

（1）城市色彩

作为美国西部最大的城市，洛杉矶被称为"天使之城"（City of Angels）。洛杉矶濒临太平洋，背靠莽莽的圣安东尼奥山；在盆地中地势平坦，属于温带地中海型气候；全年气候干燥少雨，温度宜人。洛杉矶拥有解构主义建筑的代表迪士尼音乐厅，传统的百老汇大楼以及大中央市场、亚历山大酒店、春天拱廊大厦等历史建筑。每一个建筑都有其自身的风格，比如由建筑师 S. Charles Lee 设计的洛杉矶剧院，巴洛克式的柱子和雕塑装点着整个建筑，展现了浓郁的以路易十四的城堡为寓意的法国风格。洛杉矶城市色彩的风格是包容性，自然的色彩与人工的色彩糅杂在一起，以大型广告牌、图形形成的商业色彩，成为了纷繁跳跃的城市色彩的重要组成部分。

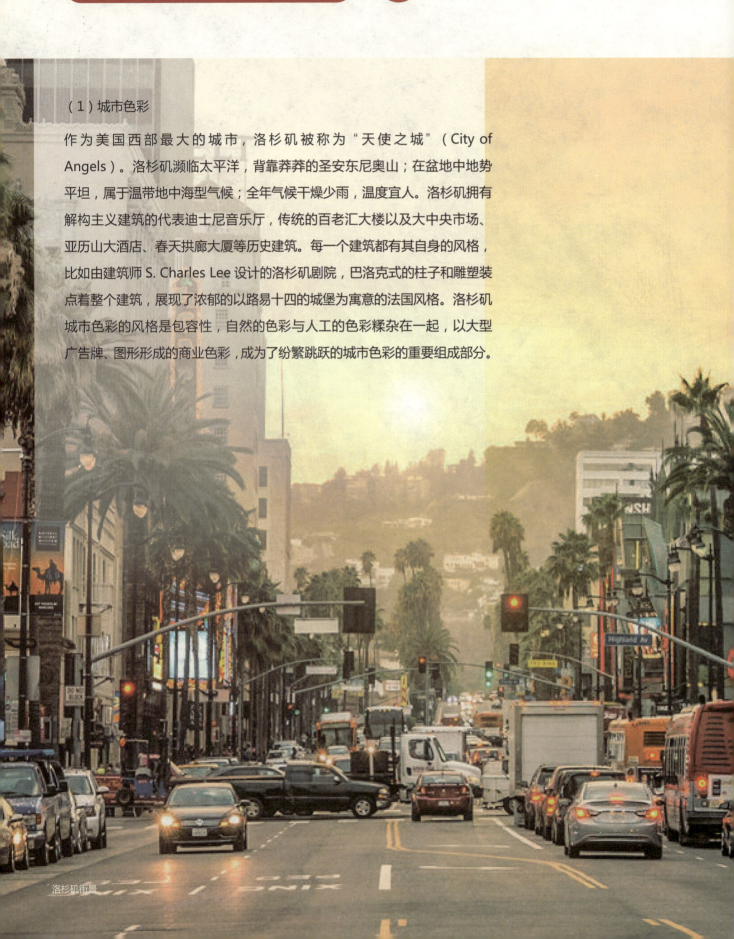

洛杉矶街道

（2）环卫行业介绍

洛杉矶的各项环卫工作由多个部门和私营企业共同负责，因此车辆色彩皆是按照自身部门主色设计，视觉色彩形象统一。

洛杉矶市的垃圾收集工作由洛杉矶环卫部门负责，除此之外，环卫部门还负责大件家具、家电回收，污水处理、下水道疏通、庭院垃圾收集等工作。此调研的主要目标为洛杉矶环卫部门的垃圾收集车辆。

洛杉矶市内的道路清洁工作由洛杉矶道路局的道路保养部门负责，该部门负责清洁并保养 6500 中线里程的公共专用街道，以及 466 平方英里区域内的 800 中线里程的巷道。该部门负责清洗 856 条主干路线和 390 条非主干道路线。此调研主要针对负责道路清洗的环卫车。

洛杉矶县的公共服务部门承担洛杉矶其他一些地区的环卫工作，例如垃圾收集等工作都采用外包的做法，在此只调研洛杉矶城市内的环卫车辆，环卫企业将在后面调研。

洛杉矶市公共服务标志

洛杉矶市道路局标志

洛杉矶县公共服务标志

下水道抽车通体蓝色喷涂，明度高，饱和度稍低，由于车体大，加之整车喷涂，所以整体色彩效果十分活跃。

垃圾收集车采用通体湖绿色喷涂，颜色高、饱和度高，在阳光明媚的洛杉矶城市内十分显眼。一些大型车辆后部喷涂大面黄黑相间的警示色彩，起到安全提示的作用。其中一些大型垃圾收集车辆的侧身会悬挂宣传画，有的讲解垃圾分类知识，有的是宣传标语。整体色彩搭配无违和感，活泼鲜亮。

洛杉矶的道路清洁工作由洛杉矶道路局的道路保养部门负责，工作外包，所以扫路车的车身色彩是由营运企业决定的。扫路车的品牌为ATHEY MOBAILE，虽然此品牌车辆有不同的色彩，但是洛杉矶市内的扫路车颜色统一设置为黄色，通体黄色喷涂，车身上印有洛杉矶市标识，并有大号车辆品牌名称，主色统一，辅色略有变化，总体扫路车色彩形象较统一。

总体来说，洛杉矶的环卫车色彩在不同作业功能维度上是统一的，整体环卫车辆不统一，这和洛杉矶的环卫业务大多数分属不同部门有关。相对统一的环卫车色彩正如洛杉矶市的色彩一般，绚丽多变，无论所属何部门，环卫车都在本部门内保持色彩统一，用色鲜亮，整体喷涂，形象十分活跃。

洛杉矶各类环卫车

（3）标识分析

虽然洛杉矶的环卫工作是由不同部门负责的，但是车体上会统一印制洛杉矶市的标识，洛杉矶环卫部门的垃圾收集车、下水道抽车和扫路车车门都印有洛杉矶的城市标识和"SANITATION"（环卫）字样，扫路车车门印有城市标识和"STREET SERVICES"字样。

洛杉矶县的公共服务车辆也会承担部分除雪工作，下图是服务车辆安装雪犁的照片，其车身印有洛杉矶县的公共服务标识。

总体来说，洛杉矶环卫车没有自身的环卫标识，这和环卫工作部门划分有关，但是环卫车身都印有洛杉矶的城市标识，在这一点上形成统一。

阿姆斯特丹 | Amsterdam

（1）城市色彩

阿姆斯特丹于1296年建城，是荷兰的首都和第一大城市。阿姆斯特丹的城市色彩主要是由咖啡色、酒红色、棕橙色等组成。由于这些颜色总体趋于温暖的视感效果，所以整个城市的色彩感觉成熟、富足、安逸，充满无穷的力量与魅力。同时为了打破过于暗淡的色彩效果，白色油漆勾勒门窗和楼层衔接处就成为活跃阿姆斯特丹建筑色彩的有效方法。

阿姆斯特丹

阿姆斯特丹这座城市拥有自己的城市形象——整体以三个红色圣安德鲁十字架（Saint Andrew Cross）为视觉核心，代表阿姆斯特丹曾经的三个克星——水、火与黑死病。现在XXX有了新的含义，分别为毒品、性、停车位。阿姆斯特丹50多个不同的地区和分支机构在红十字架下方加入各自身份特征符号，以此获得统一协调的视觉形象。

（2）环卫行业介绍

阿姆斯特丹划分为 13 个区，每个区的事务自行负责，商业单位可以自行选择由政府部门提供垃圾收集服务还是由私营企业提供。但是事实是，垃圾收集工作基本上都是由政府部门负责的，因为政府部门的环卫车已经存在，而私营车辆没有足够的停车位，因此每次竞标都是政府部门中标。

阿姆斯特市区划分图

（3）色彩分析

阿姆斯特丹不同区的环卫车并不完全相同，垂直红色斑马线的图案从属于城市形象整体规划，红色斑马线图案与三个红色 X 和谐呼应，整体视觉感受前卫、现代。除去装饰与识别作用，这种图案设计本身也有一定的警示作用，其形象与红白相间的反光条类似，但是面积更大，其醒目的造型可以提醒行人车辆注意远离作业车辆。

对于车身下部色彩，各个市区不同：Centrum 区的车辆下部为与区标相同的蓝色；West 区的车辆也是与区标相同的绿色；而 Zuid 区和 Oost 区的车辆为深灰色。各个区的车辆底部色彩不一，但是毫不影响整体感，群众仍可通过垂直红色斑马线图案辨认阿姆斯特丹市的环卫车辆。而其中稍微的不同反而为众多车辆带来了一些变化，可谓丰富视觉效果。

可以说，作为设计之都，阿姆斯特丹的设计意识层面较深，环卫车色彩规划识别性强，城市形象辐射面广阔，环卫车的色彩作为城市形象的一部分与城市完美融合，处处体现阿姆斯特丹作为现代设计之都的国际形象。

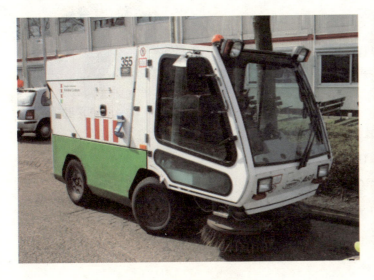

 Gemeente Amsterdam
Stadsdeel West

 Gemeente Amsterdam
Stadsdeel Centrum

 Gemeente Amsterdam
Stadsdeel Oost

 Gemeente Amsterdam
Stadsdeel Zuid

（4）标识分析

① 环卫标识。由于阿姆斯特丹的环卫服务是由各区自行管理，车辆上印制的都是区标，因此并没有统一的市环卫标志。

② 其他标识

a. 区标：阿姆斯特丹的每个区都有自己的符号，从属于城市形象，各个区的环卫车身印有本区的区标。

b. 安全标志：车头斜前方喷涂的亮橘色带并不是装饰图案，pas op DODE HOEK 的意思是"提防盲点"。醒目的亮橘色带是在提示车辆和行人注意安全，不要在此区域停留。这种"提防盲点"的标志设计在荷兰的一些其他大型车辆上也可以看到，是非常人性化的设计，可以减小事故发生概率。对于环卫车来说，亮橘色色彩鲜亮，与车身红色带设计相似，并无违和感，反添几分设计感。

c. 车身广告：有些车身上张贴公益广告、商业广告或宣传标语，如下图，扫路车身上张贴的是一张 2014 年地方选举的海报，内容是号召群众在 3 月 19 日积极投票。

扫路车

压缩式垃圾收集车

压缩式垃圾收集车

米兰 | Milan

（1）城市色彩

米兰是意大利北部的一座城市，也是米兰省的省会和伦巴第大区的首府，在拿破仑时期作为意大利王国的首都。米兰的历史悠久，一直是欧洲主要的运输和工业中心。米兰是公认的设计与时尚之都，一直以来，作为时尚界的风向标存在。

相较旅游城市威尼斯，米兰作为意大利最早的金融中心，城市色调较为凝重，尤其是老城区，拥有许多历史较悠久的古建筑，色调多偏向深色的暖灰，给人一种肃穆的感觉，采用深色调可以一定程度上缓解大城市生活带给人的浮躁感，从色彩上使人感到一些稳重。

米兰街景

（2）环卫行业介绍

米兰城市和米兰都市圈内的 10 个城市的垃圾收集处理和街道清洁业务均承包给了 AMSA SpA 公司。环卫车的色彩规划从属于企业视觉形象系统。绿色车辆与巴黎的环卫车色彩相似，车头采用整体喷涂，车身部分根据不同车辆结构的特点，喷涂不同的颜色，有的车辆采用本身钢色，有的喷涂了通体绿色，工人制服的色彩也是绿色。关于企业与车辆的详细信息将在下一部分的国外企业环卫车辆色彩研究中详述。

同样是欧洲的城市，米兰的城市色彩相较于巴黎偏深色一些，不过绿色的环卫车辆在其中也很和谐，两个城市与环卫车的搭配有些相似。

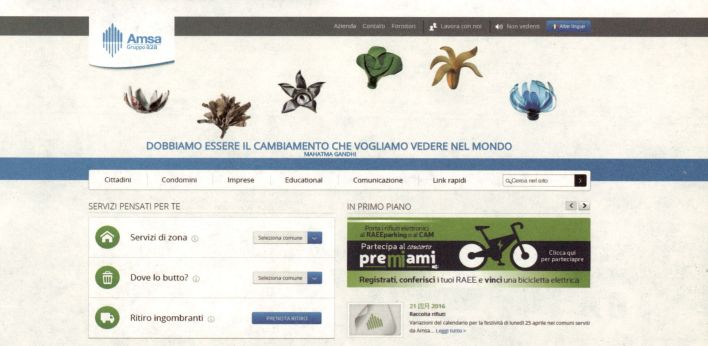

Amsa 公司官方网站

罗马 | Rome

(1) 城市色彩

罗马是全世界天主教会的中心，古代建筑众多的色彩以橙黄色系与橙红色系为主色调的罗马老城区，诠释了罗马城市的整体色彩基调。作为意大利文艺复兴中心，罗马的历史城区被列为了世界文化遗产，具有文艺复兴与巴洛克风貌的建筑依然屹立。甚至在罗马城市规划方案中，对肌理及中央地带的描述，也使用红色来代表历史城市，橙色代表固城，已将代表古罗马城市荣光的色彩遗产继承下来，并在城市可持续发展中占有重要地位。

罗马城市景观

（2）环卫行业介绍

罗马市的环卫服务由罗马市有的企业 AMA ROMA 公司承包，AMA SpA 公司是意大利最大的环境服务综合管理公司，于 2000 年成为有限责任公司，罗马市是其唯一的股东，持有其全部股权，如今 AMA 公司有 7,800 名员工，为 2,873,976 人供水，清洁道路总长为 3,370 千米，经营占地 1,285 平方千米，每年收集 178 万吨垃圾。

AMA 公司负责罗马市的全部清洁业务，包括街道卫生清洁，活动废物收集处理与回收，垃圾处理循环利用。

AMA ROMA 公司体育中心模型

AMA ROMA S.p.A. 公司官方网站截图

(3) 色彩分析

AMA ROMA 公司主要业务是道路清洁与垃圾收集，因此车辆类型也集中在这两种，但是车辆的型号根据不同的作业地区会有很多变化。

车辆的色彩设计从属于企业视觉形象系统，采用暗红、白色为主色对车体进行喷涂。对于改装车来说，都采用车头白色、车身红色的设计。对于小型电动扫路车，则采用上半部分红色、下半部分白色的设计，每辆车身都在红色部分喷涂鲜明的黄色标识，且面积较大，效果醒目。由于 AMA 公司是罗马市有的环卫公司，其环卫车辆的色彩十分切合企业的定位属性与地域特征，色彩能使人联想到身披红色天鹅绒斗篷、头戴金色皇冠的罗马教皇；员工制服也是统一的红色，与环卫车色彩一致。

在调研中发现，有些环卫车身被涂鸦的情况，这些涂鸦多为随意涂鸦，使得环卫车的整体形象大打折扣，车身保洁情况堪忧。

垃圾运输车

（4）标识分析

AMA公司的全部车辆都会在车身喷涂尽量大的标识图案，标识形象突出醒目。AMA公司的标识采用中黄色，像一个被切割四分之一份的太阳，这个酷似太阳和皇冠的形象十分契合帝王之城罗马给人的印象，传达了公司的地域性与行业领头、蓬勃发展的美好愿景。

Ama Roma 公司官方网站截图

日本 国土交通省

国土交通省是日本的中央省厅之一，职责相当于各国的交通部与建设部。其掌管的事务涉及范围相当广泛，包括国土规划与开发、基础设施建设、交通运输、气象、海事安全、观光推广等，在日本的各中央省厅的人员规模中排名第二，仅次于防卫省。

日本国土交通省 Logo

宣传图

与其他单位或企业不同,日本国土交通省的车辆色彩并未与其标志色彩一致,而是黄色加白色带的设计。国土交通省管辖内的车辆很多属于环卫车一类,车型也十分繁杂,简单的图案方便在不同车辆上喷涂。

日本国土交通省的各类车辆

日本各地区蓝色环卫车

由于环卫蓝色在民调中的认知优势,特意对日本不同省县的蓝色环卫车进行调研,以分析不同蓝色漆料的效果。

基本环卫车辆的蓝色色相应用广泛,其中有反光度较高的宝蓝漆,颜色偏灰的金属蓝色漆以及淳厚的蓝色实色漆。这些车辆都采用通体喷涂,车身文字和小面积装饰图案都采用白色或黑色,给人以简单洁净的感觉。借助以下各图,能够预览到不同色调的蓝色在成车身上的效果,具有较高参考价值。

日本各地区蓝色环卫车

总结

就所调研的国外环卫系统来看，可以将城市分为两类，一类拥有自己的环卫视觉形象识别系统，另一类则没有。有环卫形象识别系统的城市有纽约、巴黎、洛杉矶、阿姆斯特丹，其中阿姆斯特丹的环卫车身的标识与其城市形象标识相结合，另三个城市则为单独设计。

有环卫视觉形象识别系统的城市其各类环卫作业车辆形象十分一致，纽约的白色、巴黎的绿色、洛杉矶的湖蓝，都采用了将车辆进行通体喷涂主色的手法，形象给予观者很大的视觉冲击力，这些城市所设计的城市环卫标识也深具城市特色，是城市形象的重要组成部分。将这些精心设计的城市环卫标识印于车表，既有宣传自身的城市部门形象的作用，又起到了车体表面图案装饰的作用。就目前调研的国外环卫车辆来看，大型车辆居多，无论是在有城市环卫视觉形象系统的城市，还是在依靠企业标准决定车辆色彩的城市，其中很多车体的色彩采用了鲜亮大胆的颜色，并进行全车喷涂，大面积的色彩非常醒目，使人感到一种有力稳重的气氛，平添对环卫行业的敬佩与好感，环卫车的色彩形象也得以充分展现。

国外的环卫车，尤其在一些大型的环卫车中，有一些会往车身上张贴宣传海报或投放广告，充分开发利用环卫车大面积空间，既避免单调又传播信息，不失为一种色彩设计的良好手法。

压缩式垃圾运输车

纽约环卫部门标志

巴黎环卫部门标志

阿姆斯特丹城市标志

国外某些环卫车的色彩喷涂技术优秀，就调研的国外环卫车来看，其车体漆色鲜亮、反光度高，这种效果是整体设计加工艺把关的结果。产品的最终效果在很大程度上依赖于产品制造的工艺，车体色彩设计也是如此，赏心悦目的车辆是良好的颜色、适合的图案加精良的喷涂工艺的总和。

压缩式垃圾运输车

2.2.2 国外企业环卫车辆色彩研究

对于没有城市环卫视觉形象系统的城市来说，环卫车车辆的色彩通常是由其外包的环卫公司企业形象决定的。国外环卫公司对环卫车辆进行色彩设计的意识很强，环卫车的形象作为企业视觉识别系统设计的一部分得到了重视。比如，WM 是一家著名的国际环卫企业，在所调研的多个城市皆看到了 WM 环卫车的身影。该品牌的环卫车以其环保的色彩形象设计充分巩固了自身的企业形象，辨识效果良好。环卫公司利用环卫车色彩这个免费的"移动广告牌"向公众传达自身的企业形象，植入自身的企业理念，设计精良的企业 logo 印在企业标识色的环卫车身上，其本身组成了车体色彩的一部分，也起到了图案装饰的作用。国外环卫车辆色彩调研的第二部分针对几个较为著名的环卫企业进行。

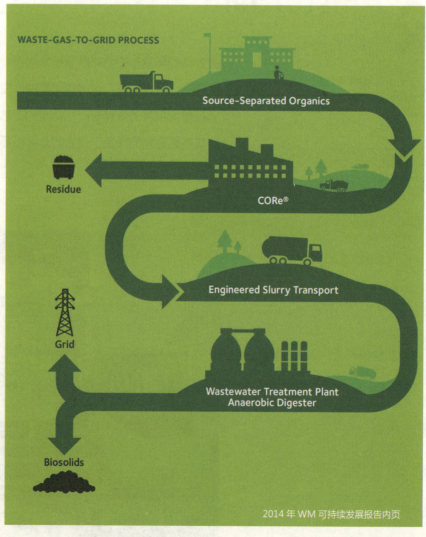

2014 年 WM 可持续发展报告内页

Waste Management

（1）企业简介

WM（垃圾管理，Waste Management）是北美一家负责垃圾处理、回收和提供环境服务的公司，成立于1971年，总部位于美国得克萨斯州休斯敦的第一城市大楼中（First City Tower）。

WM是北美最大的环境服务公司，服务美国和加拿大超过两千万个客户。公司服务网络包括367个收集站点，355个转运站点，273个使用率高的垃圾填埋厂，16个废料转能源工厂，134个回收厂，111个有益填埋气项目以及6个独立的能源生产厂。WM为美国、加拿大、波多黎各将近27,000,000户的居民、行业、市政和商户等提供环境服务。

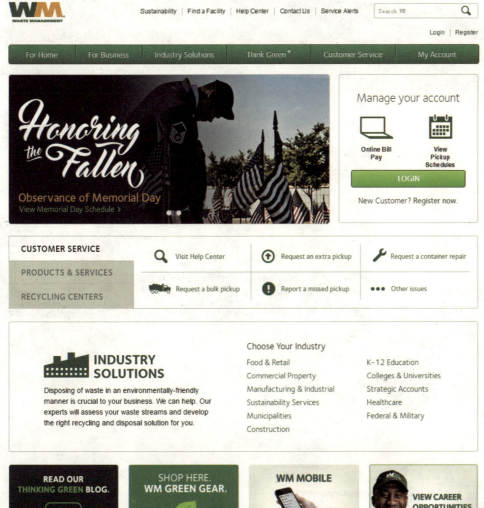

WM公司官方网站

环卫车辆外观色彩设计研究

（2）环卫车辆

WM 拥有 21,000 辆收集车和转运车，公司拥有垃圾收集处理行业中最大的卡车车队。WM 公司与其竞争者 Republic Services 公司，共同占据了美国垃圾收集行业一半以上的业务。

WM 车辆通体绿色喷涂，形象醒目，车头保留白色，车辆后方喷涂黄色带，并涂有黑色警示色带以及黑色 CAOUTION（注意）字样，黄绿搭配，既具有传达企业形象目的，又是警示设计，保证车辆行驶过程中的安全。

总体来说，WM 公司的车辆形象十分一致，色彩具有标志性，车辆的一切元素皆有规划，一致统一，很好地传达了企业文化理念。

WM 压缩式垃圾运输车

（3）标志分析

绿色和黄色是 WM 公司的企业标识色。企业 LOGO 由绿色 W 和黄色 M 两个紧贴在一起的字母组成，整体感觉敦实，传达一种稳重有力的形象，WASTE MANAGEMENT 字样也采用敦实的绿色无衬线字体，与文字图形标志一致。绿色象征生命环保，黄色象征阳光活力，两种色彩组合在一起生机盎然。WM 所有车辆都喷涂了 WM 公司的企业标识，通常在车门空白处，并在车身大面积的白底宣传栏处喷涂大尺寸的标识。

WM 的车辆多是大型车辆，车体侧面有很大空间，因此几乎每辆车的面都喷涂或张贴海报，内容多是企业宣传标语与环保倡议相结合的文字，白色的海报与车头处的白色面积相呼应，为大号 WM LOGO 提供空间，整体搭配合理美观。

WM 公司的车辆模型

Republic Services

（1）企业简介

Republic Services（共和服务）是一所垃圾处理公司，曾经是美国第三大垃圾处理公司。2008年6月23日，它宣布以61亿美元的股票资产收购规模较自己更大的竞争者Allied Waste Industries（联合垃圾公司）。合并后的公司仍保留Republic Services名称，并成为了美国地区非危险品固体垃圾处理的第二大公司（仅次于Waste Management）。

通过收购，Republic Services拥有了Allied Waste公司的广大市场，包括40个州和波多黎各境内的128个主要市场中超过一千万的居民、商业和各行业客户。与Waste Management公司共同占据了美国垃圾收集行业一半以上的业务。

Republic Services拥有3万名员工、300多个托运部门、194个转运站、191个垃圾填埋场、75个回收中心，服务2,800个社区。

压缩式垃圾运输车

（2）色彩分析

鉴于 Republic Services 的主营业务是垃圾处理，所以 Republic Services 的车辆以大型垃圾收集车为主。Republic Services 的企业主色是深蓝色，其车辆通体宝蓝色喷涂，车门处有红色描边的两道白色装饰带，车辆整体以蓝色为主色，红色为辅色，白色点缀其间具有平衡感。蓝色、红色、白色正是美国国旗的色彩，使人联想到企业的地域性。蓝色和红色构成冷暖对比，与白色构成明度对比，整体车身形象明丽、清晰。

WM 公司的车辆模型

（3）标志分析

Republic Services 的标识设计以品红为主要色彩，图形标志以企业名称的首字母 R 作为基础进行变形，五个 R 连接起来形成五角星，象征资源的循环利用。Republic Services 的文字采用黑色粗斜体无衬线字体，既体现了速度感与现代感，又不乏稳重。

Republic Services 车辆的车身侧面都印有大尺寸企业标志、名称、服务电话和网址。

AMSA SpA

（1）公司简介

AMSA SpA 是一家意大利的环境服务公司，AMSA 是意大利语 acronimo di Azienda Milanese Servizi Ambientali 的缩写，该公司于 2008 年 1 月加入 A2A 集团，成为其子公司。AMSA 除了负责米兰的垃圾收集处理与街道清洁外，还另外负责 Basiglio, Bresso, Buccinasco, Cesate, Cormano, Corsico, Novate Milanese, Pero, Segrate, San Donato Milanese, Settimo Milanese e Trezzano sul Naviglio 等 12 个省市的环卫工作。

AMSA 拥有约 3,000 名员工，其中超过 2,600 名从事废品回收、清洁、清扫。AMSA 清洁 283 万平方千米的地区，服务超过 230 万人口，并且拥有超过 400 辆天然气车辆，秉行更加环保的企业理念。

（2）环卫车辆色彩与标志分析

AMSA公司的车辆主要是垃圾车和道路清扫车，这与公司的主营业务相关。可以看到，多数AMSA的车辆通体喷涂绿色，有些车辆的车厢保持了本体钢色，总体形象统一和谐。大型垃圾压缩车的车厢上贴有宣传画，一定程度上起到了装饰空白的作用，同时为了安全，在大型车辆两侧都有横向黄色色带，黄色搭配绿色也十分鲜亮显眼。环卫工人的制服也是统一的绿色，色彩一致。

AMSA的标志以白色底色印在车辆的车门处，面积不大，但印刷精致，提升车辆的细节感。整体来说，以上车辆是合格的企业车辆，形象统一，色彩规划完整。

标志采用7条绿色竖带排列，轮廓既像箭头又像房子，还贴合字母A的形象，结构虽然横平竖直却有一种动感，绿色的图案标志搭配醒目的黑色Amsa公司名。相比Republic Services的巨型标志，AMSA公司在车辆上印的标志要小很多，通常印在车门处，然后以通体喷涂绿色车漆来统一企业车辆形象。

2.3 国内环卫车辆色彩研究

调研显示：除了个别城市，国内大多数城市尚未对环卫车色彩进行规划，整体形象杂乱无章。与国外大多数城市环卫车色彩由环卫部门或外包服务商决定的情况不同，国内环卫车的色彩非常繁多，同一作业单位内有多种色彩不同的环卫车辆，这种色彩有时由单位采购时确定，有时由改装车车企决定，因此，国内环卫车的色彩设计主要来自环卫单位与提供改装车辆的企业。

2.3.1 国内城市环卫车辆色彩研究

根据国内城市分级,分别在不同级别的城市中抽样调研。我们选取了天津、上海、台北、广州、深圳、南京、大连、苏州、石家庄进行了调研。由于大部分城市尚未对环卫车色彩进行规划,因此每座城市调研内容简化为城市色彩的简单分析与环卫车辆色彩分析。

海淀环卫停车场

上海 | Shanghai

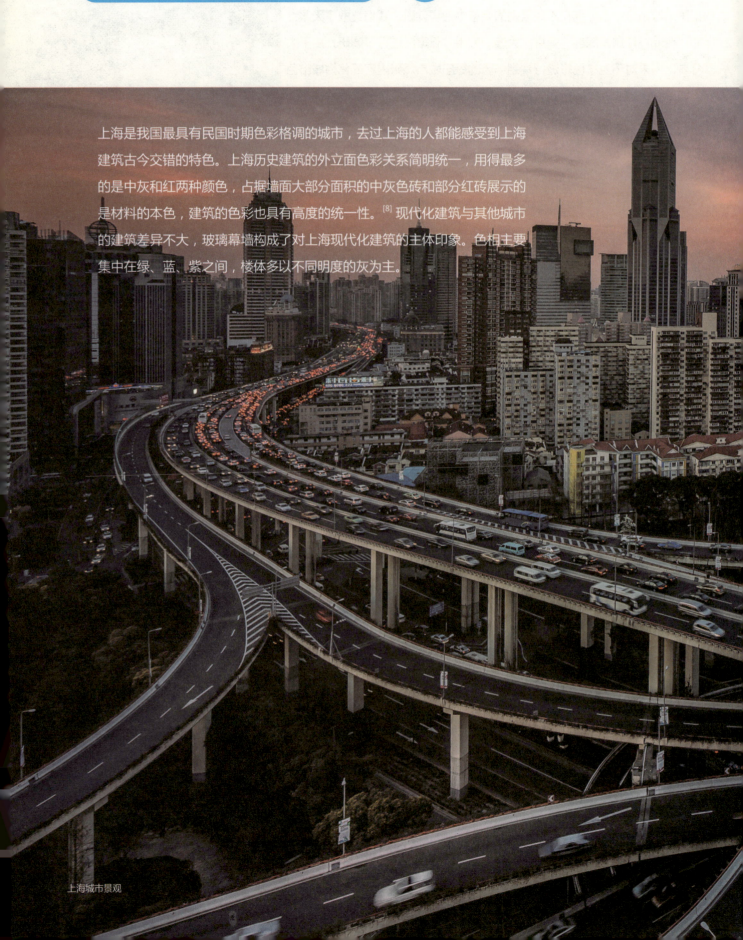

上海是我国最具有民国时期色彩格调的城市，去过上海的人都能感受到上海建筑古今交错的特色。上海历史建筑的外立面色彩关系简明统一，用得最多的是中灰和红两种颜色，占据墙面大部分面积的中灰色砖和部分红砖展示的是材料的本色，建筑的色彩也具有高度的统一性。[8] 现代化建筑与其他城市的建筑差异不大，玻璃幕墙构成了对上海现代化建筑的主体印象。色相主要集中在绿、蓝、紫之间，楼体多以不同明度的灰为主。

上海城市景观

上海市是少有的对环卫车色彩进行规划的城市。所有的环卫车车头的图案是水平分割的上白下蓝的色彩，蓝色纯度较高，与白色搭配显得车体干净整洁。车身喷涂根据不同类型环卫车的情况进行调整，如厨余垃圾车和集装箱垃圾车采用了整箱体喷涂蓝色，扫路车则采用了半体喷涂，将车头的蓝色区域延伸至车身，车身白色区域喷涂环卫标语。蓝色是上海环卫车辆的主色调，蓝白相间的环卫车穿行在古今交错的上海街道，其高饱和度和对比度的色彩醒目，与上海城市色彩形成一定对比，同时其蓝色的明度稍低，又不显得轻浮、俗艳，与城市环境相得益彰。环卫工人的制服也是通体蓝色搭配黄绿色反光条，与车辆色彩一致。

上海市各类环卫车

台北 | Taibei

台北地处海岛，属于副热带季风气候，水量充足，城市绿植覆盖率很大。台北市环卫作业车辆以高纯度、高明度的黄色系为主色，且环卫车整体色彩饱和度较高，以单色系统为主，色彩安全性较高，视觉冲击力很强，车身大面积的喷涂色彩，能与周边环境很好地区分，台北环卫车与台北整体环境及城市文化相协调。

但是台北的环卫作业车与本市其他行业车辆，如公交车、出租车等的色彩差别不大，不容易区分。

2 环卫车辆色彩调研与分析 66 | 67

台北出租车与公交车

台北环卫车

就所调研的国内环卫车辆色彩来看，车身有彩色多集中在蓝、红、绿色相上，其中以蓝色最多，绝大多数采用了保留白色底漆的做法，在白色底漆上搭配蓝色或绿色的简单带状设计，有的环卫车车身上有少量暖色，以小面积图案方式出现。

往车身上喷涂大号未经设计环卫作业车的种类文字标识也是国内很多城市环卫车的特点之一。通常文字会被喷涂在白色底漆部分，采用对比强烈的蓝、红、绿色彩，此做法在国外环卫车上不常见。

国内大部分环卫车的色彩形象没有被有关部门纳入考虑范围，缺少地域特色，总体形象偏向一致。环卫车的色彩设计基本是集体无意识的结果，色彩设计多由车辆改装厂决定。调研中得知改装厂不得将自己的企业形象以过于突出的形式设计在车体色彩上，这也是导致车辆色彩设计较平庸的原因之一。同一个作业部门可以有多种色彩的作业车辆，形象无法在色彩上形成统一，这也是环卫作业部门为车体喷涂大号单位名称和作业车辆种类的原因。

环卫工作人员的关注点多在车辆的性能上，对环卫车辆的色彩很少注意。国内环卫车辆中属北京环卫集团的车辆和苏州环卫车辆为好，有意识地对自身色彩形象进行设计，上海市环卫车色彩统一，规划较好。

纵观国内环卫车辆色彩的总体情况，设计意识不强，色彩系统混乱，识别力不强，标识的统一放置欠考虑，有待提高。

2.3.2 北京市各区环卫车辆色彩研究

（1）各区车辆实地调研

在北京这个人口密集的超大型城市中，人们的生活节奏不断加快，垃圾的产生数量成倍增长，仅大兴区黄村每日产生的垃圾总量高达300吨，需靠十几种不同的环卫作业车辆进行清扫、转运。环卫行业在城市中的地位与作用越来越不可或缺，它是城市生态环境有效循环、可持续发展的重要媒介，与人们的生活联系日益密切。

对北京市西城区、海淀区、朝阳区、门头沟区、大兴区、房山区等环卫单位的车辆进行了实地调研，调研对象包括车身色彩、车身标识、车身保养状况等问题。

调研中发现的主要问题是作业车辆色彩不统一，如前所述的国内普遍存在的问题一样，北京市除北京环卫集团以外的环卫作业单位没有对车身色彩进行统一的要求，现有车辆色彩种类众多，无整体色彩形象可言。

北京市各区县车辆采购渠道大致相同，各种类型的车辆色彩情况与国内其他城市车辆情况大体相同，都处于色彩杂乱不统一的状态，各个单位将单位标志或单位名喷涂在车体上，一些标识的颜色、大小、位置、工艺不甚协调，有待调整。值得注意的是一些车辆积垢、腐蚀十分严重，这些问题成为影响车辆形象的主要原因。因此，车身保养、保洁问题有待提高。

北京市的各类环卫车

（2）各区车身标志分析

对所调研的环卫车身标识进行总结。就调研状况来看，标识的设计相当混乱，内容、大小、位置没有统一规定。设计进行到标识部分时，需要与相关单位协商解决标识存在、大小以及位置规范问题。总体来说，车身标识分为以下三大类。

① 环卫单位的标识，包括环卫单位名称、车辆种类名称、车辆内部编号；
② 改装厂家的标识，包括改装厂的名称、厂家信息、车辆型号等；
③ 交管部门规定的标识，包括准乘人数、准载吨数、总质量等。

详细图解如下。

蓝色标识：由交管部门规定。
橘色标识：由环卫作业单位制定。
黄色标识：由改装厂制定。
灰色标识：由改装厂制定的必要标识。

2　环卫车辆色彩调研与分析　70 | 71

标语

总质量　　　　　　使用信息　　　　　　使用信息

尾灯　　　头灯

避让箭头灯牌

避让爆闪灯

单独"道路作业"牌

2.3.3 北京环卫集团车辆色彩分析

北京环卫集团在 2007 年推出了"七彩"(彩虹)系列环卫车车身色彩设计,主要服务于北京第 29 届夏季奥林匹克运动会。设计的核心是把不同功能的作业车用色彩区分开来,采用横竖的色块,应用于车头(竖条纹)、车身(横条纹),每款车有三个色彩。

概念说明如下。
主色:统一车辆色彩印象的漆色。
辅色:搭配主色的其他漆色。
图案:狭义指小面积色彩设计(例如部分的花纹、图样等);广义指整体颜色分布,即整个车辆的色彩面积搭配设计。

下面将就以上三个方面对 2007 年款环卫车辆色彩进行分析。
(1)主色问题
用贯穿各个种类车辆的企业主色(蓝色)来统一不同类型的车辆,但是就各个车辆的色彩面积来看,蓝色使用并不多,只有转运车身上的蓝色面积超过了 50%,其他车辆均以白色面积最多,蓝色至多与其他辅色面积相当,或低于其他辅色的面积,如单臂吊垃圾车上绿色面积最大,容易给人造成绿色是主色的印象。

虽然每款车身都有蓝色,但是面积不大,因此虽然蓝色是企业主色,但在此系列车辆色彩设计中,并不是作为一统形象的主色存在,更像是标志色或点缀色。如果需要主色来统一形象,那么就会因为主色的面积过小而没有达到效果。

（2）辅色问题

以彩虹为创意的辅色设计，囊括了七种色相，每一种类的车辆采用蓝色配不同色相的辅色设计。这种配色对于企业内部识别不同种类作业车有利，但是过多的色彩组合对图案设计的要求提高，如果图案设计不一致，就易产生不统一感。就单独车辆来说，某些种类的车辆色彩图案搭配和谐，如小广告清洗车、洒水车、吸污车。但是某些搭配，如蓝色和粉色、蓝色和浅橘色的搭配并不十分和谐，容易产生不自然的违和感。在明度方面，蓝色明度较低，白色明度最高，其他七彩辅色的明度也较高，高明度和低明度搭配的结果具有一定的视觉上的刺激度，因此一些车辆的刺激度较高。是否需要这种程度的刺激，在之后的调研中需要重新研究。

辅色太多，很难保证每种搭配都和谐，同时也为不同搭配相互之间产生统一感带来难度。

（3）图案问题

图案设计不统一是整体形象不统一的原因之一。扫路车、压缩车、餐厨垃圾车的图案较统一，洒水车、小广告冲洗车、转运车的图案较孤立，缺乏与其他车辆图案的联系性。

就单独车辆的图案来说，洒水车的图案设计有别于其他车辆，图案富有一些变化，视觉上区别于扫路车、压缩车和餐厨垃圾车的图案，明亮稳重中略带活泼，是较好的设计。小广告冲刷车的图案采取斜线起翘的设计，也颇具动感。扫路车、垃圾压缩车、集装箱式垃圾车、餐厨垃圾车等的图案设计属一类，白色底色与有彩色的面积比约为1:1，其中蓝色与辅色的面积也基本相当，这样的颜色面积设计给人一种均匀的感觉。匀称的色彩面积设计、对称的图案、直线喷涂，这些设计使车辆看起来略显呆板。

总体来说，车辆存在外观形象不统一、主辅色色相选择不尽合理等问题，这些问题在新的色彩系统设计中应该重点予以关注并进行调整。

彩虹系列 - 色相对比

2.4 调研结果分析与设计目标

色彩设计最主要的目标是北京环卫车辆整体形象上的统一，利用色彩赋予其一致的气质，统一传递出首都环卫的精神面貌。在统一的前提下，色彩可以在不同维度上有变化，因为环卫车的车型众多，所以不同车型、色彩面积大小等要素都是设计需要考虑的重点。环卫车辆在城市中作业，其本身所具备的社会功能属性，也体现了色彩设计不能只局限在美观的视角，还应具备安全、功能、制造、意义等层面的要求，合理的要求比单纯的美感或许更能体现环卫色彩的价值。金字塔体现设计需求的权重关系，越底层，越基础，优先性越大。

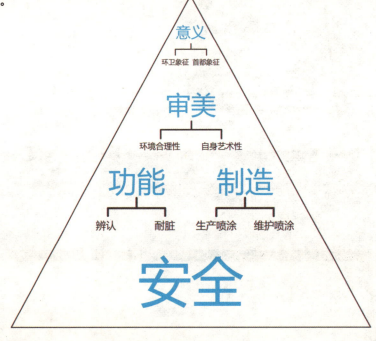

3 环卫车辆色彩影响因素与漆色研究

3.1 色彩属性与色彩影响

3.1.1 车辆色彩与交通事故的关系研究

车辆色彩是否会影响车辆安全是一个经常被提及的问题，如果影响存在，那么不同颜色对于交通事故概率的影响差异在哪儿？最直观的想法是，浅色的轿车更安全一些，因为其更加明显，但是这种认知只是想当然的结果。因为车辆颜色对于交通事故并没有直接因果关系，即使对数据进行关联，作二维列联表分析，也必须考虑多方面因素。对于车辆色彩与交通事故的关系这个课题，国内外均有一些研究。

2003 年发表在 British Medical Journal 的 *"Car colour and risk of car crash injury:population based case control study"* 中得出结论：在严重伤亡的交通事故中，银色轿车相比白色轿车的涉事故率少 50%。该研究以新西兰奥克兰地区 1998 年 4 月至 1999 年 6 月的数据为基础，采用 Perneger 和 Smith 于 1991 提出的用于研究交通事故的控制 - 案例法（case-control methods），只选取造成人员伤亡的单向违规撞车事故。撞车方为积极涉事方，作为控制组，被撞方为消极涉事方，作为案例组，案例组的车辆色彩为样本。虽然此项研究全面地考虑了其他相关信息，如司机情况（年龄、性别、心理状况、酒驾与否，驾照状况、超速与否等）、车辆情况（车辆种类、车辆使用年限等）、事故环境（地区、路面等）、时间（白天、晚上等）、天气（好天气、雾天、雨天等）。但仍有一些会影响结果的重要因素没有考虑在内，如商用车辆多为白色，由于其更大的基数与更高的上路率，那么车祸发生概率也会更高；又比如，相较于会选择绿色和黄色车辆的人，选择灰色车辆的人多是一些保守的或为家庭选购车辆的人，司机的差异也影响了事故发生的概率。

关于灰色车辆相对更安全的结论，一篇于 2002 年发表在 Epidemiology 的研究 *"Does Vehicle Colour influence the Risk of Being Passively Involved in a Collision"* 的研究认为，在白天，浅色（白色和黄色）车辆要比其他颜色的车辆更少涉事。这一差异在好天气以外的其他天气时更为明显。该研究采用了 1993—1999 年间西班牙的交通事故数据库中的数据，控制组司机共 57,472 人，案例组司机共 66,154 人，研究范围广阔很多，同样综合其他相关信息，将数据进行条件逻辑回归分析，得出以上结论。

在澳大利亚莫纳什大学事故研究中心 2007 年 "*An Investigation Into the Relationship Between Vehicle Colour and Crash Risk*" 的研究中，研究人员表示前两篇研究使用的方法——案例 - 控制法具有一些明显的缺陷，并不能很好地排除一些会影响事故的因素，因此他们采用一种新的分析方法——诱导暴露法（induced exposure methods）。这种方法更好地靠交通事故类型来进行分析，从而更好地排除其他因素的干扰，得出交通事故与车辆色彩之间更可靠的联系。研究结果表明，尽管在某些条件下，一些颜色车辆的被动涉事率可能与白色车辆差不多，但总体而言，白色车辆明显低于其他颜色车辆，这一数据差异在白天时尤为明显，可达到 10% 左右。研究还表明，环境可以改变车辆色彩与被动涉事率的关系，但具体情况仍需研究。

在 1995 年发表于 Journal of Safety Research 的 "*Influence of Color on Fire Vehicle Accidents*" 中，Solomon.S 与 King.J 使用概率论得出，相较于红色与红白相间的救火车，浅黄或白色的救火车在数据上明显更安全一些，他们引用了 Allen（1970）的研究：一条旧道的亮度与它的环境亮度相似，在这种背景中，浅色（包括浅黄与白色）是最显眼的。他们还提到了 Southall（1961）的研究：对于一个可正常适应光亮的眼睛，在日光下其对于各种色彩频谱的相对亮度感应在青黄色区间达到峰值。此研究给环卫车辆设计者以启发，在设计车辆色彩时，可以摒弃一些陈旧的观念，若从科学分析安全性的角度出发，会得到其他不同的结果，同样考虑其他方面的因素也会开拓色彩选择的视野，统筹考虑各种可能性，进行权重分析才是研究性设计的手段。

2015 年发表在《中国公共安全（学术版）》第 2 期的论文《车身颜色与事故风险度相关性模型研究》中，由国内研究人员使用国内某省交通事故数据进行分析，来研究国内车辆颜色与交通事故之间的关系，研究采用泊松对数线性模型建模，纳入一些自变量，如天气、能见度、车辆类型。研究结论是：①红色车辆发生死亡事故的风险度比发生伤人事故和财产损失事故的风险度显著增大；发生人员伤亡事故的风险度比黑色大，而发生财产损失事故的风险度比黑色小；②绿色和蓝色车辆发生人员伤亡事故的风险度比较大；③不同颜色车辆发生死亡事故的危险系数从高到低排列依次为蓝色、红色、绿色、紫色、白色、灰色和黄色；④不同颜色车辆发生伤人事故的危险系数从高到低排列依次为绿色、蓝色、红色、白色、黄色、紫色和灰色。研究具有本地性特点，但对于会影响结论的很多重要因素，如司机的背景或状况等因素，没有考虑在内，例如结论①的原因很可能是购买红色车辆与黑色车辆不同人群的性别或性格倾向所造成的事故概率差异。没有全面纳入影响因素的结论缺少可靠性。

综上，澳大利亚莫纳什大学事故研究中心所做的研究采用了更加合理的研究方法，综合纳入考虑的因素较全面，结论可信度较高：白色车辆的被动涉事率较其他颜色低。同时，应相信在不同的环境中，车辆颜色与事故概率的关系变化范围很大。

值得注意的是，交通事故的发生涉及很多方面的因素，总体概率不能决定具体事件。对于大部分中大型环卫车辆来说，车身车尾的反光条设置已经大大降低了交通事故发生的概率，而且对于某些功能的作业车辆，如道路清扫车或洒水车来说，车尾的道路清扫牌标志、灯牌或闪灯设置已经占据了车尾的大面积空间，此类车辆的车尾色彩设计并不十分重要。车辆色彩与交通事故之间的关系的研究可供色彩设计参考，但不具有决定性。

3.1.2　色彩适应人群分析

对于色彩视觉正常的人来说，能够接收正确的颜色信息，此部分人具有解析色彩情感的生理基础能力，对于色障人士来说，感受颜色不那么容易。色盲在男性中的发生率大约是 7%，女性中的发生率大约是 0.05%。北京市 2013 年统计的常住人口数量在 2114.8 万，照此推算，北京市大约有 158.61 万色盲人口，这是一个庞大的数量，因此，有必要了解色障人群的情况，了解其对色彩的感知能力水平与状态，在设计中给予考虑与照顾是人性化的选择。

（1）色盲

色盲分为全色盲和部分色盲（红色盲、绿色盲、蓝黄色盲等）。

① 全色盲。属于完全性视锥细胞功能障碍，与夜盲（视杆细胞功能障碍）恰好相反，患者尤喜暗、畏光，表现为昼盲。仅有明暗之分，而无颜色差别，而且所见红色发暗、蓝色光亮。

② 红色盲。又称第一色盲。患者主要是不能分辨红色，对红色与深绿色、蓝色与紫红色以及紫色不能分辨；常把绿色看成黄色，紫色看成蓝色；将绿色和蓝色相混为白色。

③ 绿色盲。又称第二色盲，患者不能分辨淡绿色与深红色、紫色与青蓝色、紫红色与灰色，把绿色视为灰色或暗黑色。

临床上把红色盲与绿色盲统称为红绿色盲，较常见。平常说的色盲一般就是指红绿色盲。

无色盲的人所看到的 RBGW 颜色

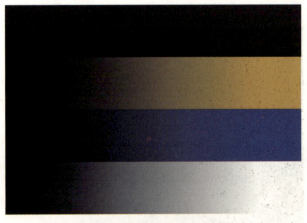

红色盲的人所看到的 RBGW 颜色

④ 蓝黄色盲。又称第三色盲。患者蓝黄色混淆不清，对红、绿色可辨，较少见。

（2）色弱
① 全色弱。又称红绿蓝黄色弱。其色觉障碍比全色盲程度要低，视力无任何异常，也无全色盲的其他并发症。在物体颜色深且鲜明时则能够分辨；若颜色浅而不饱和时则分辨困难，少见。
② 部分色弱。有红色弱（第一色弱）、绿色弱（第二色弱）和蓝黄色弱（第三色弱）等，其中红绿色弱较多见，患者对红、绿色感受力差，照明不良时，其辨色能力近于红绿色盲；但物质色深、鲜明且照明度佳时，其辨色能力接近正常。

可以看到，由于蓝黄色盲与色弱的比例较小，因此色障人群中大部分人对蓝色有着正确的视觉感受，虽然缺少其他色相的对比，颜色所蕴涵的意义对于色障人士来说也会大打折扣，但他们在观色能力来说与正常人无异。通过此调研，可以确定蓝色相在色障人士中具有较高的识别度。

绿色盲的人所看到的 RBGW 颜色

蓝色盲的人所看到的 RBGW 颜色

3.1.3 色彩的进退性与膨胀收缩性

从解剖生理学上讲,人类眼睛的晶状体调节是有限度的,对于可见光中波长微小的差异无法正确调节,这使得红色、橘色等波长长的暖色在视网膜上形成内侧映像,蓝色、紫色等波长短的冷色在视网膜上形成外侧映像。因此,人便产生了暖色好像前进、冷色好像后退的感觉。一般来说,明度高、饱和度高、暖色调的色彩是具有前进性的色彩,明度低、饱和度低、冷色调的色彩是后退性的色彩。

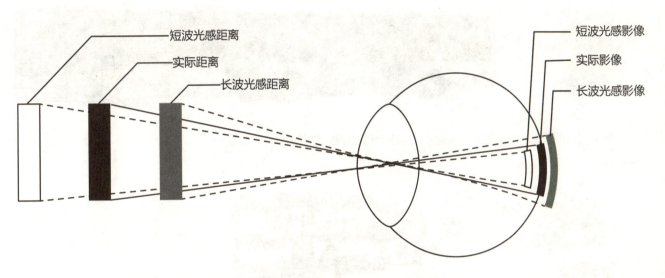

长、短波型光在人眼视网膜上所成影像示意图

除了前进性与后退性,人在主观上对于不同的色彩同样会产生收缩与膨胀的感觉,一般而言,明度越高,物体的体积感越大,明度越低,体积感越小。不同的色相也具有不同的收缩性与膨胀性。冷色具有收缩性,暖色具有膨胀性。而颜色的面积增大后,看起来的效果也会发生很大的变化,会夸大颜色的效果。明亮的会更加明亮,而暗淡的会更加暗淡。

需要注意的是,色彩的进退性与膨胀收缩性不等于车辆的醒目程度,也不等于车辆安全性,醒目程度更多仰仗车辆的图案设计,安全性也与环境色彩息息相关,但对于体系的完整性来说,在环卫车辆色彩设计中将色彩的进退性、膨胀收缩性知识综合考虑是必要的。

3.2 北京市行业车辆色彩分析

环卫车辆的色彩应用应避免与市内其他种类运行作业车辆的色彩雷同，如公交车、出租车、城管车等。以下将对北京市其他行业的色彩进行调查分析。

3.2.1 公交车色彩分析

北京公交集团的公交车根据不同车型进行了色彩设计。
铰接车采用深蓝色、黄色与银灰色的设计，蓝色与黄色互为补色，形象亮眼，银灰色为无彩色调，能够衬托有彩色，同时灰色也符合北京城市色彩的色调。

采用红色、白色和银灰色的设计，寓意老北京的红色城墙，银灰与其他车辆一脉相承。

有轨电车采用比铰接车的蓝色浅的天蓝，搭配少量贯穿车体的黄色和白色线段，其余喷涂与其他车辆一致的银灰色。

北京八方达客运有限责任公司隶属于北京公共交通控股（集团）有限公司，主营600路以上的北京市郊地区的线路，旗下车辆色彩为斜线喷涂的豆绿与白色相间的图案，动感鲜亮。

3.2.2 出租车色彩分析

申奥成功之后，北京市推出了出租车的色彩《中华北京》系列色标，该系列设计也成为全国出租车色彩设计的典范。色彩设计参考了中国五色理论与方位的关系。基色：尊黄；北：玄、紫；东：青、绿；南：赤、红；西：白、碧。各个出租公司可为旗下车辆选择一种统一的色彩搭配，这样北京市路面上的出租车将呈现统一而富有变化的面貌。

3.2.3 渣土车色彩分析

2014年7月1日起，北京市对京牌照的渣土车全面实施新规，彻底改变曾经渣土车缺乏安全措施、道路上尘土飞扬的特点。其中对渣土车的色彩也进行了统一的规划，所有渣土均喷涂了通体苹果绿色的车漆。

3.2.4 消防车色彩分析

消防车采用通体红色漆喷涂。

3.2.5 邮政车色彩分析

邮政行业专有的墨绿色已深入人心,邮政车通体喷涂墨绿。

3.2.6 工程车抢险色彩分析

工程抢险车通体喷涂略偏橘的亮黄色,色彩醒目,在道路上方便识别,色彩设计适合车辆功能与用途。

3.2.7 警车色彩分析

警车采用大面积白色,搭配稳重的深蓝色弧形图案,配以小面积黄色带图案设计,形象稳重中有对比、动感,色彩印象肃穆和谐。

3.2.8 城管车抢险色彩分析

城管车色彩形象与警车近似,也是大面积白色底色,搭配蓝色和绿色的弧形图案在车体两侧喷涂,形象稳重优雅。

3.3 车漆研究

3.3.1 汽车喷涂工艺概述

汽车漆是涂料的一种,它不仅使汽车美观,更起到了保护车身,使其不被腐蚀,延长汽车使用寿命的作用。不同种类的车漆有不同的效果,为汽车带来不同的个性,车漆对汽车来说至关重要。

汽车漆料的喷涂分两种,一种是高温漆,一种是低温漆。通常汽车在生产过程中上漆会采用高温上漆工艺,汽车的车架、车身在车厂里焊接完成后的下一道工艺就是上漆,将车身浸入漆槽,上满底漆,取出烘干,然后送入无尘车间,用静电喷漆工艺喷上面漆,最后用 200℃以上的高温烘烤。这种漆料称为高温漆。高温漆的上漆工艺通常只能在汽车制造阶段完成,因为一旦车身、车架与其他部件组装好,就再没有机会单独浸漆或高温烘烤。这种工艺喷涂的漆感良好、牢固、防脱色,耐腐蚀性也更佳。

低温漆工艺是指在低温环境下为汽车上漆,通常汽车补漆用的都是这种工艺,环卫车漆的喷涂也是采用这种工艺。在夏天气温较高的天气中,喷涂的低温漆可在 4—5 天内自然干燥,如果用 70℃左右的红外灯烘干,可缩短车漆干燥时间。

环卫车辆车漆的喷涂分为三个阶段,即上底漆、中涂漆和面漆,所有步骤都是为了更好地保护车体部件。具体内容参见《北京环卫集团车辆喷涂流程规范》。

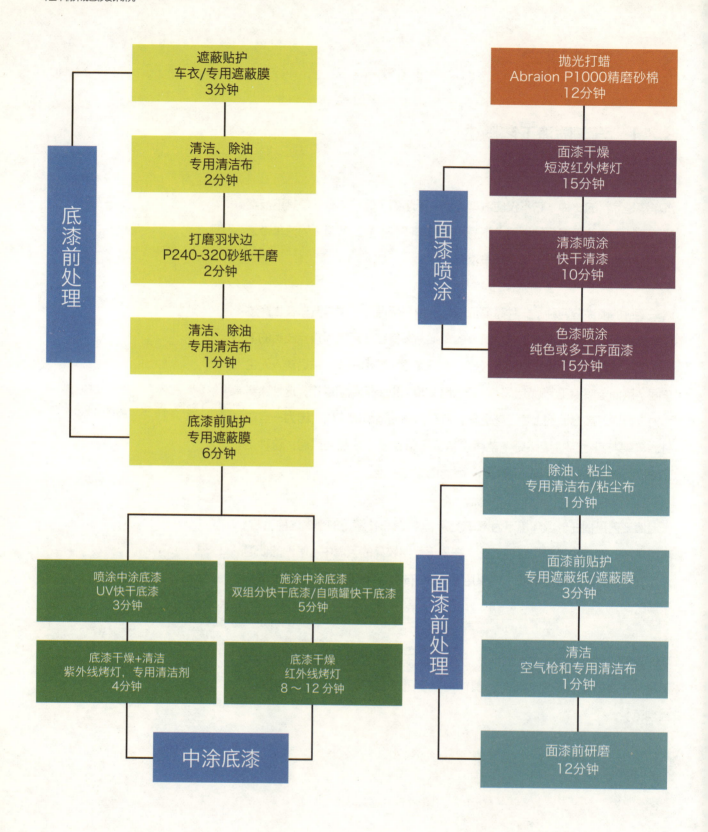

车漆喷涂流程图

3.3.2 汽车涂料的简单分类

我们所看到的汽车漆外观多为面漆效果,即汽车最外层的漆料,因此应主要了解面漆的分类。市面上常见的面漆有三种:普通漆、金属漆、珠光漆。普通漆没有任何添加,漆色呈现油漆原有颜色。金属漆中添加了铝粉,铝粉反射光,所以完成以后看上去亮,再加上一层清漆将更加漂亮,大多数轿车采用的都是金属漆。珠光漆加入的是云母粒或珍珠粉;云母是很薄的片状物,因此,反光具有方向性,可以产生色彩斑斓的效果。

在对车漆厂的调研中得知,对于金属漆和珠光漆来说,饱和度越高的颜色越难以展示金属和珠光效果,即对于颜色纯度很高的车漆来说,金属漆与珠光漆看起来和普通漆的差别并不大,这是一点很重要的信息,因为价格方面,珠光漆要贵于金属漆,金属漆贵于普通漆。因此对于一些靓丽的颜色,普通漆是较好的选择。

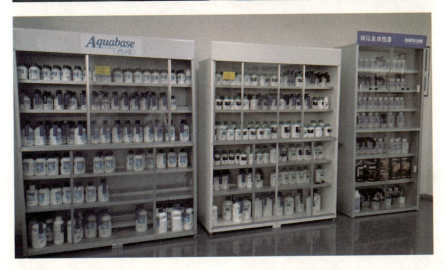

车漆喷涂实验室

3.3.3 环卫车漆喷涂工艺调研

通过对生产车间负责人及车漆供应商的访谈，对影响环卫车色彩喷涂效率的各个因素进行了了解，因素如下。

① 温度：喷涂周期与温度成正比，一辆车的完工时间在夏天大约是 3~4 天，冬天大约一周。此外可以人工烘烤加速漆干，但是这样会增加生产成本。

② 色数：一辆车身上颜色越多，喷涂周期越长，因为理论上要等一个漆色干了才能喷下一种漆。无论是在环卫服务单位的访谈中，还是在改装厂的访谈中，都提到单辆车上的色数最好不要超过三个，无论是视觉感受，还是生产喷涂都不宜采用过多色彩。《机动车登记规定》(公安部第 124 号令)中，也规定车身色彩不能超过三种。

③ 图案复杂程度：图案越复杂，喷涂时间越长。喷涂一般采用胶带遮挡法，越复杂的图案，工序越费时。在访谈中，操作人员反复提到的字眼是"基点"，即使是复杂的图形，也要方便寻找"基点"。所谓有"基点"，实际上是指图形的函数表达要简单，两点可以确定一条直线，圆心、半径和弧度可以确定一段圆弧，但是如果是一段函数表达复杂的曲线，要施工则需要计算多个数值，描多点位才能确定图形，这将大大影响施工速度。虽然可以采用做样板的方式来批量生产这种图案，但是由于车型太多，生产各种样板也会耗费时间，影响效率。

遮挡法喷涂工艺

因此，直线相较于曲线生产喷涂效率更高，如果需要弧线也应限于圆弧。图案中，两种色彩的衔接位置也会影响喷涂效率。如下图中两种颜色相接，那么在施工中需要先喷一个漆色，等其全干后再喷涂另一种，干燥时间至少一天。如果中间遮挡胶带，两种漆色也可以同时喷涂。

④ 喷涂面积：严格意义上来说，喷涂面积一定会影响喷涂效率，但这种影响相比色数和图案来说要小得多。在调研过程中，喷漆操作人员表示，尽管喷涂面积大，通体一种颜色是最容易施工的。

一般环卫车辆制造厂商会在车辆出厂交通登记时，将所有车身色彩都喷涂完毕。而有的环卫作业单位，在汽车制造厂商购进的车辆只有车头和底盘，根据环卫功能需要生产功能不同的箱体，这样再次进行喷漆设计时，需要按行业主管部门发布的《机动车驾驶证申领和使用规定》《机动车登记规定》中的相关规定向车辆管理所申请变更车身色彩。

购进的车头颜色主要有蓝色和白色两种，通常车头的色彩设计会全部保留或大面积保留原有色彩，即白色或蓝色，这是因为原厂漆更耐用。车头跟车身的喷涂漆工艺是不同的，这是造成车头漆面质感和车身漆面质感不同的原因。车头的喷涂由车企负责，一般采用200℃以上高温烤漆工艺。车箱体制造与喷漆由改装厂负责，工艺是低温烤漆，调和颜色相比红黄蓝绿四原色更容易褪色。环卫车辆批量采购时，车体底色采用作业单位指定色彩或专用色，车企会根据要求进行提取喷涂车漆。

4 北京市环卫车辆色彩设计体系构建

4.1 调研基础与设计理念导向

4.1.1 车辆色彩设计框架

车辆的色彩设计受限于多方面的因素，不同权重的各个因素综合在一起构成了车辆色彩设计的框架，因素与因素之间可以是互补或互斥的关系，最终的结果可以是因素综合考虑的成果，也可以是某项因素突出表现的结果。理性地说，综合更具有概念上的优势，然而事实往往是突出某一导向的设计作品更具有冲击力，更具备鲜活的产品个性。无论如何，对不同的因素全面了解是设计中的必要环节，最终没有选择不代表最初没有考虑，全面的调研工作必不可少。本小节对车辆色彩设计框架中的文化导向、社会经济、功能需求、喷涂维护、审美标准因素进行阐述分析。

（1）文化导向
以往的环卫车辆色彩设计往往旨在美化一类新推出的环卫车辆类型，目的是区别于其他的环卫车辆。如苏华为北京市电动环卫车所做的设计，色彩要传达电动环保的理念，又如为纪念抗战胜利 70 周年阅兵式所做的环卫车色彩设计，要传达大气创新，环保纯电动，与国际接轨的理念。然而，此次北京市环卫车辆色彩规划设计的目的则不同以往，旨在将各种不同类型的环卫车辆统一起来，构建其首都环卫的形象。

光——物体表面——反射色光——眼——视觉细胞——中枢神经——脑——词汇定义——原始感受——心理感受——文化认识。这个模型描述了光与文化认知之间的联系。2012 年北京成为继上海、深圳之后成为第三座"设计之都"，首都人民对文化生活和文化品位的需求日益凸显，挖掘并营造具有北京特色的文化氛围显得尤为重要，因此首都的环卫车辆必然要体现首都的特征。文化导向是一个宽泛的标题，里面可以囊括许多细分内容。首都环卫车首当其冲的文化导向当属北京市的地域特征；其次，环卫行业文化也应考虑入内。如果说世界范围内的现代文明趋同，一个灰色甚至可以代表无数个城市现代建筑色彩特征，那么如何将一座城市的古往今来以简练的设计语言表达出来，使同样的世界性文化展现出恰如其分的地域特点，便是设计师们永恒的主题。正是因为现代文明具有同质性的特点，而使得即使是现代本土化的设计也能为更多人所欣赏。北京市兼具文明古都与国际化都市的双重身份，其文化自身就带有国际性的一面，相信在设计实践中，挖掘更深层的地域文化，而不是简单地搬运符号，着眼当下首都，避免一味复古的设计理念将更符合首都环卫的文化导向。

（2）社会经济

车辆的色彩设计实际上属于产品设计的一小部分，经济因素是影响产品设计的重要因素。由于此次北京市环卫车辆色彩设计所影响到的车辆数目巨大，因此经济因素当属重要设计限制。环卫车的体积较大，重新喷涂一辆环卫车的费用是比较高的，不同种类的车漆，不同种类的喷涂工艺，不同的图案，都将会对喷涂改装成本带来不小的影响，仔细调研各种工艺漆料、工艺的成本，研究如何设计才能既赋予车辆独一无二的审美与品质，同时又不至于带来过高改造成本是设计的重要目的之一。

在环卫车漆喷涂工艺调研中，对环卫车改装公司的负责人和喷涂人员进行了详细的访谈，对各种图案、工艺的制作维护成本进行了了解，对于色彩设计可行性有了初步的基础参考资料。

着眼车辆色彩设计的社会效益，用创新性的设计思维为环卫车辆的色彩改装带来崭新面貌，综合不同的需求，既不浪费，又不降低设计要求，平衡各方面设计导向与社会经济之间的关系，才能创造出具有社会合理性的产品，使北京市的环卫车辆色彩具有不同以往的品质与形象特征。

（3）功能需求

车辆的色彩应满足一定的使用功能需求，应考虑环卫车辆的使用环境、操作工人的使用习惯、环卫车辆识别性和安全性等功能需求特点。首先，作为环卫车辆，整日与尘土、污泥、垃圾等物打交道不可避免，因此耐脏的车辆色彩就显得非常有价值。在调研过程中，看到了许多车体十分不洁的车辆，虽然没有任何颜色能够经得住高强度的污染物与长时间的不清理保养习惯，但是不同颜色之间仍有小差异的高下之分。在日常使用中，在色彩设计中如能选择颜色较浅、饱和度偏低的颜色将更具有耐脏维度上的优势。其次，车辆的安全性也是车辆色彩设计功能需求之一。在前面部分车辆色彩与交通事故的关系研究中，已经详细研究了车辆色彩的安全性问题，同时也针对环卫车种作了阐述分析，在设计实践中当予以考虑。

车辆的可识别性需求要求环卫车辆色彩不可过于普通，应具有一定的视觉刺激度，既区别社会车辆，传达首都环卫行业精神面貌，又与城市整体色彩相和谐，不过分突出自身形象，造成浮躁之感。

（4）喷涂维护
在环卫车漆喷涂工艺调研访谈中，详细了解了当前北京市环卫车辆色彩喷涂维护的情况，漆料当以普通非金属、珠光漆为价格优势的选择，图案应尽量简单，避免弧线，色彩数量不宜超过三种。这些选择将很大程度减少喷涂维护的负担，降低生产保养成本。并缩短产品生产周期。

（5）审美标准
尽管人们的审美标准不尽相同，甚至可以说是大相径庭，但是某些长年累月积累出来的设计规律与范式可证明某些审美标准的群众基础。如今，在国际化冲击下的北京正日益走向简洁化的设计审美标准，运用一些通用的设计范式，赋予其北京地域特色细节，容易在群众中产生审美共鸣，才能制造出既符合国际潮流又具有民族特色的产品。

4.1.2 设计限制

车辆色彩设计框架中的几项影响因素全在设计限制一列,除此之外还有一些其他方面的设计限制也约束着设计工作。

(1)国标约束

车身标志本身构成了车辆色彩的一部分,在调研中对国家或行业规定的车身标志进行了梳理。

① 驾驶室两侧喷涂"总质量"。《机动车运行安全技术条件》(GB 7258—2017)4.8.6中规定:所有货车(多用途货车除外)和专项作业车(消防车除外)均应在驾驶室(区)两侧喷涂"总质量"(半挂牵引车为最大允许牵引质量)。其中,栏板货车和自卸车还应在驾驶室两侧喷涂栏板高度,罐式汽车和罐式挂车(罐式危险货物运输车辆除外)还应在罐体两侧喷涂罐体容积及允许装运货物的种类。栏板挂车应在车厢两侧喷涂栏板高度。冷藏车还应在外部两侧易见部位上喷涂或粘贴明显的"冷藏车"字样和冷藏车类别的英文字母。喷涂的中文及阿拉伯数字应清晰,高度应大于等于80mm。

字体	颜色	大小
无要求	无要求	≥80mm

② 车辆后部喷涂放大号牌。《机动车运行安全技术条件》(GB 7258—2017)4.7.7 中规定：总质量大于等于 4500kg 的货车（半挂牵引车除外）和货车底盘改装的专项作业车（消防车除外）、总质量大于 3500kg 的挂车，以及车长大于等于 6m 的客车均应在车厢后部喷涂或粘贴/放置放大的号牌，总质量大于等于 1200kg 的自卸车还应在车厢左右两侧喷涂放大的号牌。

字体	颜色	大小
无要求	无要求	≥80mm

③ 车辆后部设置反光板和反光条（如上图）。《机动车运行安全技术条件》(GB 7258—2017)8.4.1 中规定：总质量大于等于 12000kg 的货车（半挂牵引车除外）和货车底盘改装的专业作业车、车长大于 8.0m 的挂车及所有最大设计车速小于等于 40km/h 的汽车和挂车，应按 GB 25990—2010 规定设置车辆尾部标志板：半挂牵引车应在驾驶室后部上方设置能体现驾驶室的宽度和高度的车身反光标识，其他货车（多用途货车除外）、货车底盘改装的专项作业车和挂车（设置有符合规定的车辆尾部标志板的专项作业车和挂车，以及旅居挂车除外）应在后部设置车身反光标识。后部的车身反光标识应能体现机动车后部的高度和宽度，对厢式货车和挂车应能体现货厢轮廓，且采用一级车身反光标识材料时与后反射器的面积之和应大于等于 $0.1m^2$，采用二级车身反光标识材料时与后反射器的面积之和应大于等于 $0.2m^2$。

④ 车辆侧面设置反光条。《机动车运行安全技术条件》（GB 7258—2017）8.4.2 中规定：所有货车（半挂牵引车除外）、货车底盘改装的专项作业车和挂车应在侧面设置车身反光标识。侧面的车身反光标识长度应大于等于车长的 50%，对三轮汽车应大于等于 1.2m，对侧面车身结构无连续平面的专项作业车应大于等于车长的 30%，对货厢长度不足车长 50% 的货车应为货厢长度。

⑤ 侧面防护栏的颜色。对于侧面防护栏的颜色，没有相应的国家标准予以规定，通常会喷涂红白相间的警示颜色，在当前北京环卫集团的车辆色彩设计中，采用了与车身标准色一致的颜色与白色相间设计。在设计实践中应考虑护栏色彩的设计，是否采用通用色或专用色。

⑥ 车门处准乘、准载标识、经营单位名称、营运编号。《北京市实施〈中华人民共和国道路交通安全法〉办法》中第二章，第十五条（四）中规定：大、中型客运机动车驾驶室两侧喷涂准乘人数，从事营运的，应当喷涂经营单位名称和营运编号。

（2）色彩规避

通过对国内外车辆色彩的调研，色彩搭配在设计中应予以规避其他各行业车辆的色彩雷同可能性，这些色调与搭配构成设计限制，约束着设计选色搭配。

字体	颜色	大小
无要求	无要求	无要求

4.2 统一车辆形象方法

统一车辆色彩形象是设计的重要目的之一。在调研的国外车辆中，大部分城市环卫部门或环境服务企业都在不同类型的环卫车上使用了统一的配色，这无疑是一种简便的统一形象的方法。下图是配色套数与色彩统一性之间关系的四级量表。

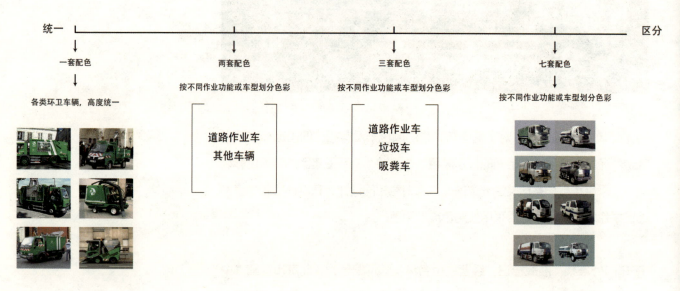

需要注意的是，多套配色不一定会带来不统一的效果，因为除了色彩，图案对形象的影响同样很大，如果拥有标志性、象征性图案，如荷兰首都阿姆斯特丹市的环卫车，同样可以带来统一的效果，但这种做法对车辆图案的要求较高，同时也考验工艺水平，增加制作维护成本。这是大多数单位与企业选择一套配色、简单图案喷涂的原因。

4.2.1 全部环卫车辆配色套数

色彩套数过少会产生审美疲劳，但要预知单一色彩大量出现的环卫车是否会引起观者厌烦情绪，就需要分析环卫车辆数量能否给市民产生这种心理效应。北京市环卫车的数量在 16,000~17,000 辆，至 2019 年，北京的机动车保有量超过 570 万辆，并以每年 10 余万量的增速增长。环卫车辆的数量与汽车总数比起来并不算多，但毕竟 500 多万辆汽车并不是每天都行驶在路面。

对于什么数量的一种配色算"大量"这一问题，笔者参照了已有行业车辆的配色与数量。

（1）出租车
北京市出租车的颜色搭配最开始是四种，分别为："春绿""夏红""秋蓝""冬紫"。北京的出租车企业可以根据本企业的企业文化及喜好任选一种，不能重复选。但后来由于选"夏红"颜色的企业少，使得北京的出租车颜色冷色调太多，于是又增补了两种颜色，分别为"南赤"和"西白"，被北京的新月、北汽两家大型出租车企业选用，最终使北京的出租车颜色达到均衡的协调。

北京市出租车汽车保有量以出租车汽车企业市场占有率为主要依据。
① 银建集团（约 11,000 辆），下属出租车公司包括金建、银建、金银建；② 新月联合（约 8,000 辆）；③ 北方投资集团（约 6,500 辆），下属出租车公司包括北方、北创；④ 平谷渔阳集团（约 4,500 辆），下属出租车公司包括渔阳联合、万泉缘（约 1,600 辆）；⑤ 首汽集团（约 4,000 辆）；⑥ 北汽集团（约 3,500 辆）；⑦ 祥龙出租（约 3,000 辆）；⑧ 三元出租（约 2,500 辆）；⑨ 万泉寺出租（约 1,700 辆）；⑩ 京联出租（约 1,000 辆）。

出租车的前门侧和顶灯上都印有公司的名称，在百度实时地图中搜索路面上的出租车，对每一家出租车公司的色彩进行调查。

统计结果发现，在大出租车公司中秋蓝的配色最受欢迎，另外不能忽视的是其他 28,300 辆出租车的色彩。可以看到，这些公司大多数也选择了秋蓝配色方案。因此，即使是最保守的估计，秋蓝配色的出租车数量也在 3 万辆以上。

（2）公交车

无轨电车：802 辆；八方达公交车：4,225 辆；铰接车：5,574 辆；单机车：16,183 辆。 通过以上数据可以得出结论，16,000~17,000 辆的环卫车和公交车中单机车的数量 16,183 辆相当，远少于出租车中秋蓝配色车辆数 3,0000 辆以上。超过 3 万辆秋蓝配色的出租车在路面上行驶并没有给人们带来视觉上的单调烦躁感。那么 16,000~17,000 辆统一配色的环卫车也不会使人感到单调、厌烦，有统一在一种色彩搭配的可能。

如果环卫车采用与出租车一样的多套配色，统一的色彩形象也是设计目的，也要达到整体视觉感受统一，不同配色之间的关系对立统一。以下是采用多套配色而整体统一的两种方法研究。

① 主色统一法。采用统一的主色为所有车辆进行喷涂，采用不同的辅色进行小面积点缀，达到大体色彩视觉效果一致的目的。下图藏蓝色是主色，红绿黄是辅色。

② 图案统一法。因为采用了有特点、有标志性的图案，即使采用不同的色彩，也可以在视觉上达成一致的效果。此种方法对图案的要求较高，图案需要具有可识别性才能达到目的。下图车辆不同色彩的面积不分主次。

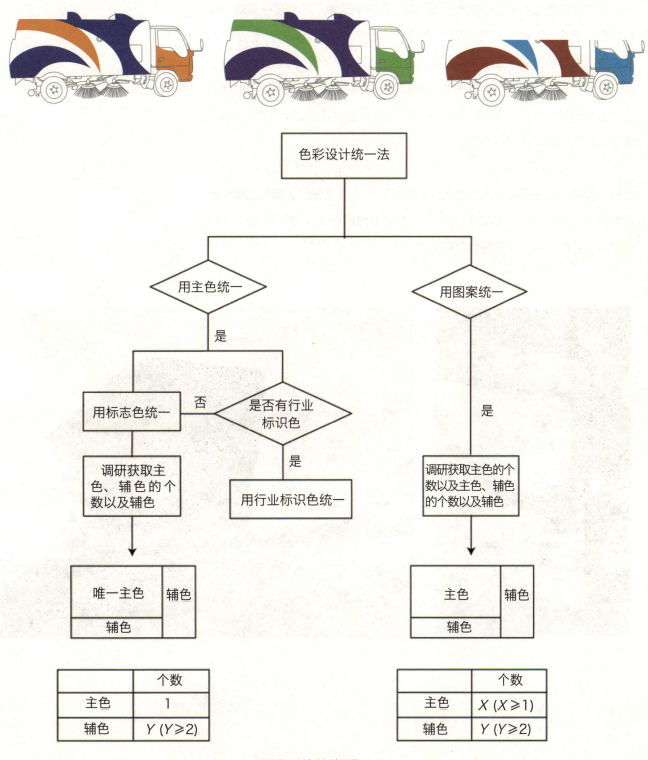

两种统一方法分析流程图

4.2.2　单辆环卫车辆配色数量

单辆环卫车的色数更多地与生产层面相关,在车辆改装厂的调研中得知,颜色越多,喷涂时间越长,因为理论上要等一个漆色干了才能喷下一种漆,因此色彩数量与喷涂时间正相关。就维护保养层面来说,通过对环卫作业中心访谈调研得知,日常工作中,环卫车辆车漆因碰撞而造成的破损都是由各自的喷涂车间进行修补,因此太多的色彩和过细的图案不利于维修保养,因此,车身有彩色确定在 3 个以内适宜。

此外,即使是环卫作业单位的负责人和喷漆制作人员也表示了颜色数量至多不要超过 3 个的看法,这和喷涂作业厂的访谈对象看法一致,不超过 3 种色彩既适合喷涂制造,又符合简单美观。

车漆老化状况

4.3 环卫车辆图案设计

4.3.1 环卫车辆图案界定概述

本研究所指的环卫车图案不是指车体上某一处的图样或花纹设计,而是指车辆整体色彩形象,包括车头和车体部分,因此对于一些简单的车辆色彩设计,如通体一种颜色的车辆,图案这个词汇同样适合。

4.3.2 环卫车图案色相

有关环卫车的色彩色相问题进行了民调,调查中将北京市划分成 5 个区域,并在其中选出 20 个观测点来进行充分调研。

西城区:椿树园、阳光丽景、木樨地北里、凌云居。
东城区:新景家园、国瑞园、雍和家园、胡家园小区。
朝阳区:吉祥里、阳光上东、国美第一城、后现代城。
海淀区:文慧园、富润家园、上地佳园、翠微南里。
大兴区:枣园小区、黄村西里、康盛园、清源西里。

在调查中,我们可以看到群众对于环卫行业色彩印象的认知集中在绿色相和蓝色相。在国内环卫车辆的调研中,蓝色的使用比例也非常高。在中国,环卫蓝和环保绿有较高的群众认知基础。

调查问卷

4.3.3 环卫车辆有彩色面积研究

环卫车有彩色车漆的喷涂面积没有统一规定，但是通过分析所调研的国外城市环卫车与国内城市环卫车，可以看到一个大致区别与趋势。国外环卫部门和企业的车辆色彩基本都采用了至少一半以上的大面积有彩色喷涂，形象强烈、醒目。北京环卫集团当前车辆的有彩色面积不甚一致。国内环卫车辆多采用白色底漆模式，车身喷涂小面积横向色带装饰。车头保留白色或蓝色底漆的色彩。大多数车辆的有彩色面积在一半以下。因此，在图案设计中，应避免与国内环卫车辆色彩设计框架类似，避免大面积白色车漆的使用，可着重考虑增加有彩色车漆的喷涂面积，同时也可提高环卫车形象识别度，强化形象传递效果。

4.3.4 环卫车辆图案复杂程度

环卫车辆车身图案越复杂，喷涂时间越长。喷涂一般采用胶带遮挡法，越复杂的图案，工序越费时。在喷涂中图形的函数表达要简单，两点可以确定一条直线，圆心、半径和弧度可以确定一段圆弧，但是如果是一段函数表达复杂的曲线，要施工则需要计算多个数值，描多点位才能确定图形，这将大大影响施工速度。虽然可以采用做模板的方式来批量生产这种图案，但是由于车型太多，生产各种样板也会耗费时间，影响效率。因此，图案设计要简洁，方便生产，采用比例式设计图稿，弧线采用限于圆弧，尽量只采用直线设计，都是较为合理的设计手段。

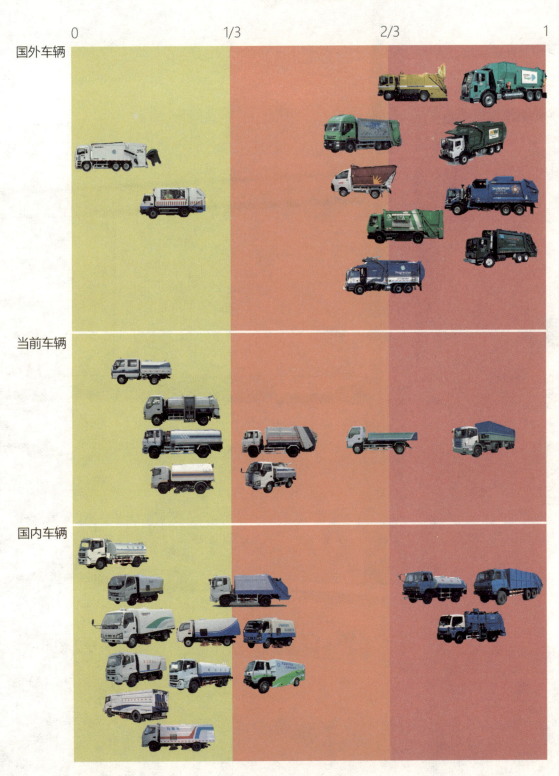

5 设计应用与检测

5.1　环卫车辆色彩设计应用方案

大量的分析调研工作能够使设计者对设计对象的各种特性了然于胸，同时对比市场上的其他设计，找寻自身设计的特色与个性。但是，无论多么细致的理论分析，都不可能导出一种设计，在设计框架中的各种影响因素的互斥关系导致不同设计的不同导向定位。此外，优秀的设计仍然需要开放性思维，需要创新，跳出逻辑推理的既有轨道。

在设计实践过程中，尝试了大量的设计思路，其中不乏优秀的与失败的设计，本部分内容将展示各个尝试过的设计方案，阐述设计理念方向，分析设计优劣，采用以及没采用的原因；第二部分将展示在深入研究及实践基础上所做出的成熟环卫车辆色彩设计与实际应用场景；第三部分将阐述当前处于推进阶段、具有实际应用价值的系统化北京市环卫车辆色彩规划。

5.1.1　朝霞出海曙

"朝霞出海曙"方案1的具体设计要点如下。
（1）设计理念
每日晨曦，环卫工作伊始，环卫工人们永远以首都环境的洁净为己任。北京作为国际都市，拥有海纳百川的气度，"包容"是北京精神之一。我市环卫行业仍处于不断成长发展的阶段，不断完善服务，积极响应首都精神，创新管理，属于朝阳行业。

深沉的湛蓝色能够体现首都与环卫的精神理念。曙色是形容旭日初升时，金光万象的阳光色彩，颜色呈红中带黄，橘色也是环卫服装的颜色，同属环卫行业色彩体系。琉璃黄是北京皇城的代表色之一。橘曙色与黄色搭配彰显活泼与朝气，能够体现北京这一创新的古都形象，"创新"也是北京精神之一。

本方案采用蓝色搭配橘色的配色，同时扩展出绿色为主色的版本。在此理念上也拓展出不同数目的配色套数，右图是从一套色到七套色的量表。

车身上有一种色彩

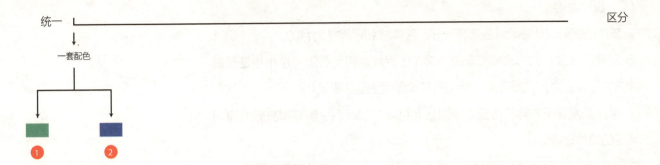

车身上有二种色彩

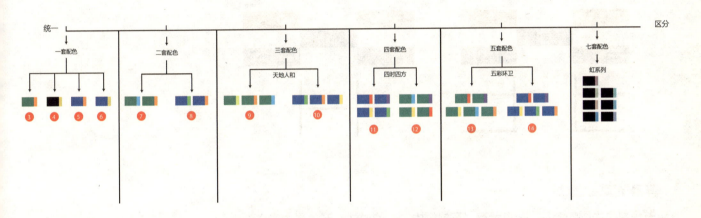

车身上有三种色彩

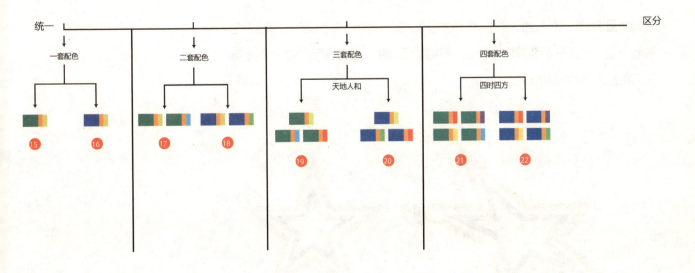

（2）设计原则

① 车体图案的设计理念以强化统一性、整体性和识别性为目的。

② 以前后连贯性的线条将整车统一起来，且线的排列在图形学中也是最具冲击力与识别力的造型元素，突破现有车型面造型的平淡化。

③ 强化图案线条与环卫行业，特别是北京环卫的联系，逐渐树立起北京市环卫的整体形象。

右侧方案车头正面图案采用"北"字与环卫的"H"字变形与衍生图案。

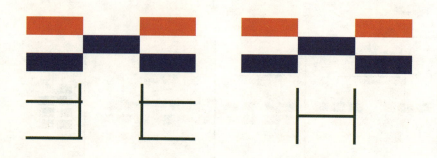

车身图案应用原则：

五角星是中国的象征，一直就有"五星耀中国"的说法。五角星也是作为中国政治中心北京的象征符号，用五角星作为环卫车辆车身图案设计应用原则，可以很好地体现出北京环卫的地域特征以及极强的独特性和唯一性。

将五角星图案进行一定的倾斜，形成发展的动态造型，既好似飘动的国旗上的五角星，也象征着北京环卫积极进取的发展态势，全部车型的图案角度可在五角星上选取局部获取。

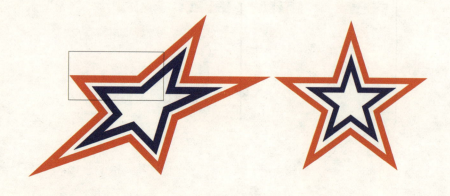

喷涂效果图

此套设计是最初的实验性设计。由于当时调研不够完全，有一些为人诟病的缺点，如白色面积过大、图案设计中规中矩等问题。在"朝霞出海曙"方案中同样采用了蓝色与橘色的搭配，并采取了更为积极的设计想法方案。

"朝霞出海曙"方案 2 的具体设计要点如下。

本方案采用与"朝霞出海曙"方案 1 相同的设计理念，但采用了不同的色调与图案，对蓝色和橘色进行了更加仔细的分析。

（1）蓝色的选择
在色相环中与蓝色相邻的两个色相是绿色和紫色，因此就蓝色域选择了五个具有代表性的色相作为蓝色主色的可选集。

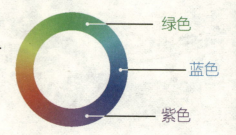

可选集中的五个色相均具有代表性，寓意深厚。

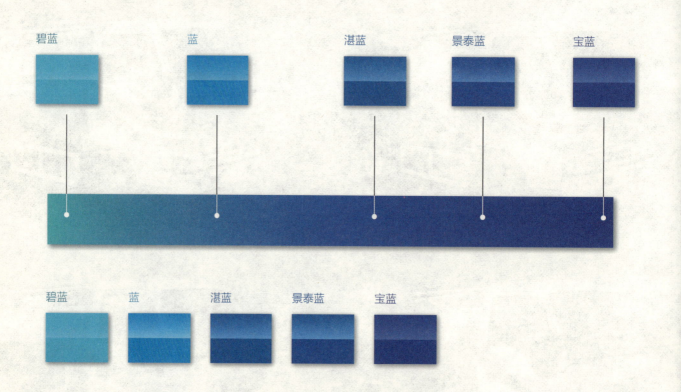

为了具有特色，使所选颜色将来成为首都环卫的代表色，应当避免市面常见的颜色。

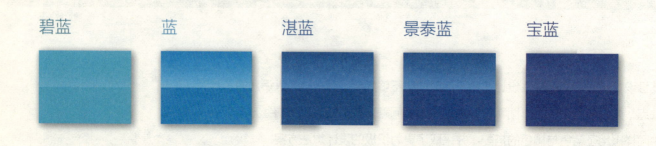

（2）橘色的选择

橘色是黄色加红色，以下三种颜色均可算作橘色范围内，偏向各有差别。

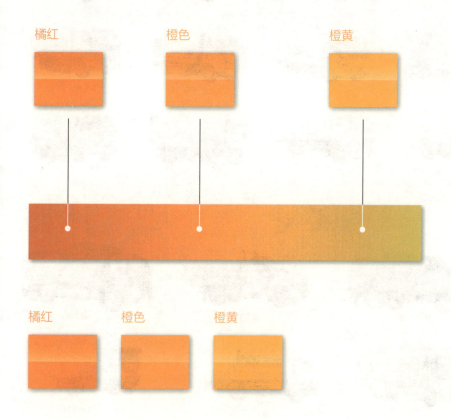

图案采用最简单的通体喷涂设计，车身大面积蓝色，搭配车头刺激度较高的橘色，设计简洁，与国际潮流接轨。

环卫车辆外观色彩设计研究

与国内环卫车对比：

与国外环卫车对比：

与市内其他行业车辆对比：

此款简洁的"朝霞出海曙"方案喷涂了样车。由于此款设计选用鲜亮的颜色，因此采用了价格较便宜的普通漆以节省成本。

此设计的优点是简洁，通体喷涂与国际接轨，颜色独特，具有个性，图案十分简单，适合各种车型，方便统一所有种类的环卫车，无论是普通漆的使用，还是简单图案，都降低了生产喷涂成本，也缩短了生产喷涂的周期。车头整体色的设计，使得车头的颜色喷涂可由车企完成，采用 200 ℃以上高温漆喷涂，既保证漆色质量，又节省改装时间。

此款设计的缺点是配色过于刺激，橘色和碧蓝的 180 度补色关系使车辆的喷涂色过于鲜艳，头身分体喷涂，使两大块色彩脱离感更强。由于此原因，最终没有被采用投入大批量生产。

喷涂样车

色样调配、挑选、喷涂现场

5.1.2 天坛·碧蓝

（1）"天坛·碧蓝"方案1

以北京元素"天坛"作为环卫车色彩设计的图形，突出北京的地域特色。这一款设计是北京元素符号化的结果，采用"天坛"这个众所周知的符号，更直接地传达了北京地域属性。该方案的缺点是白色面积大，醒目程度较小。图案由弧线组成，不方便在不同大小结构的车身上应用。虽然缺点明显，但可作为一种设计方向的探索。

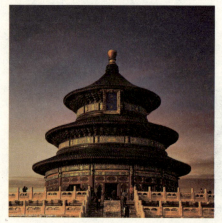

垃圾压缩车透视图

5 设计应用与检测   118 | 119

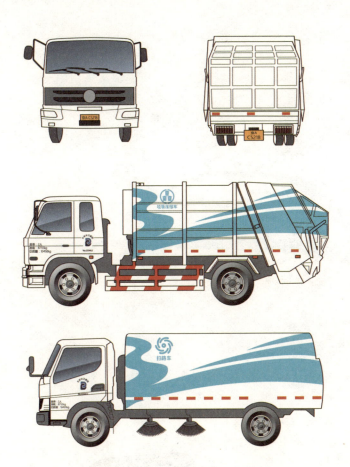

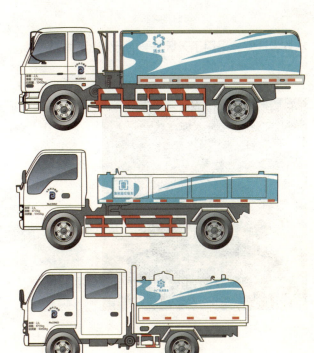

不同车型平面图

色相定位：碧蓝（蓝绿）
PANTONE色号：637C

喷涂难度：难

色数：1

有彩色面积：100%

国内外车辆车身有彩色面积对比

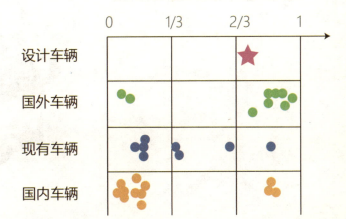

(2)"天坛·碧蓝"方案2

本款设计同样采用了天坛符号,衍化出不同的图形。

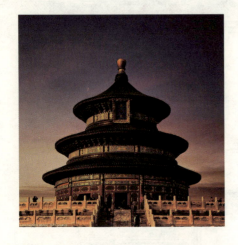

色相定位:碧蓝(蓝绿)
PANTONE色号:637C

喷涂难度:难

色数:1

有彩色面积:100%

垃圾压缩车透视图

5.1.3 莲花系列

莲花，素有高尚、清净之意，北京环卫有如莲花一样，以清洁的形象示人，净化首都的环境。缺点是图案由弧线组成，不方便制作应用；同时，该形象在石化行业已有类似应用。

扫路车平面图

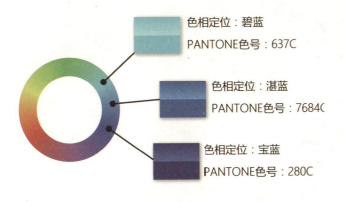
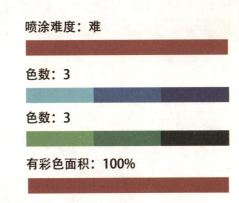

扫路车平面图

5.1.4 "环"系列

由环卫二字的"环"联想到环形，以两个色环作为主设计对象，盖印在车身上，形成不同的图案版式，整体设计以简约为主，契合"环"卫主题。缺点是图案由弧线组成，不方便制作应用。

设计原理

扫路车平面图

5.1.5 流动风景线

图案最初采用了水平的线条，搭配同色相渐变。后为增加形式美感，采用圆润的流动性线条，靓丽的色彩又具有现代特色，符合古老首都现代化的定位。车辆采取整体喷涂，搭配贯穿车体的流动线条，展现北京环卫车的"流动风景线"定位。

（1）"流动风景线"方案1

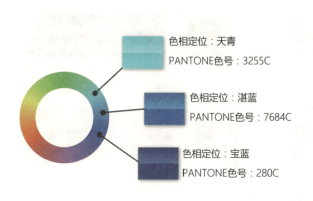

扫路车平面图

环卫车辆外观色彩设计研究

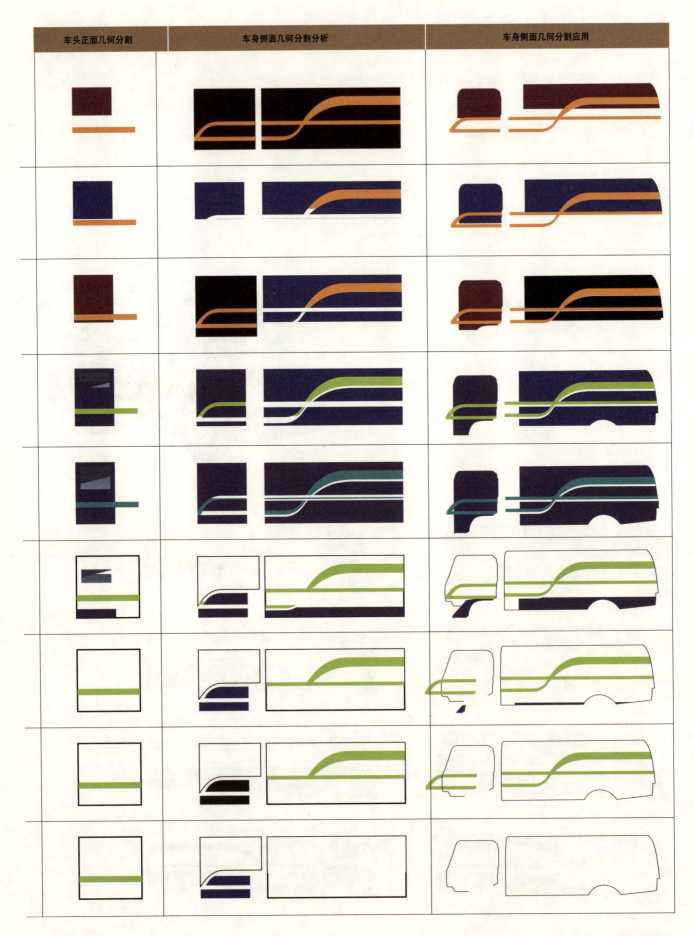

色彩分析表

（2）"流动风景线"方案 2

车头正面几何分割	车身侧面几何分割分析	车身侧面几何分割应用	车身侧面综合因素分析

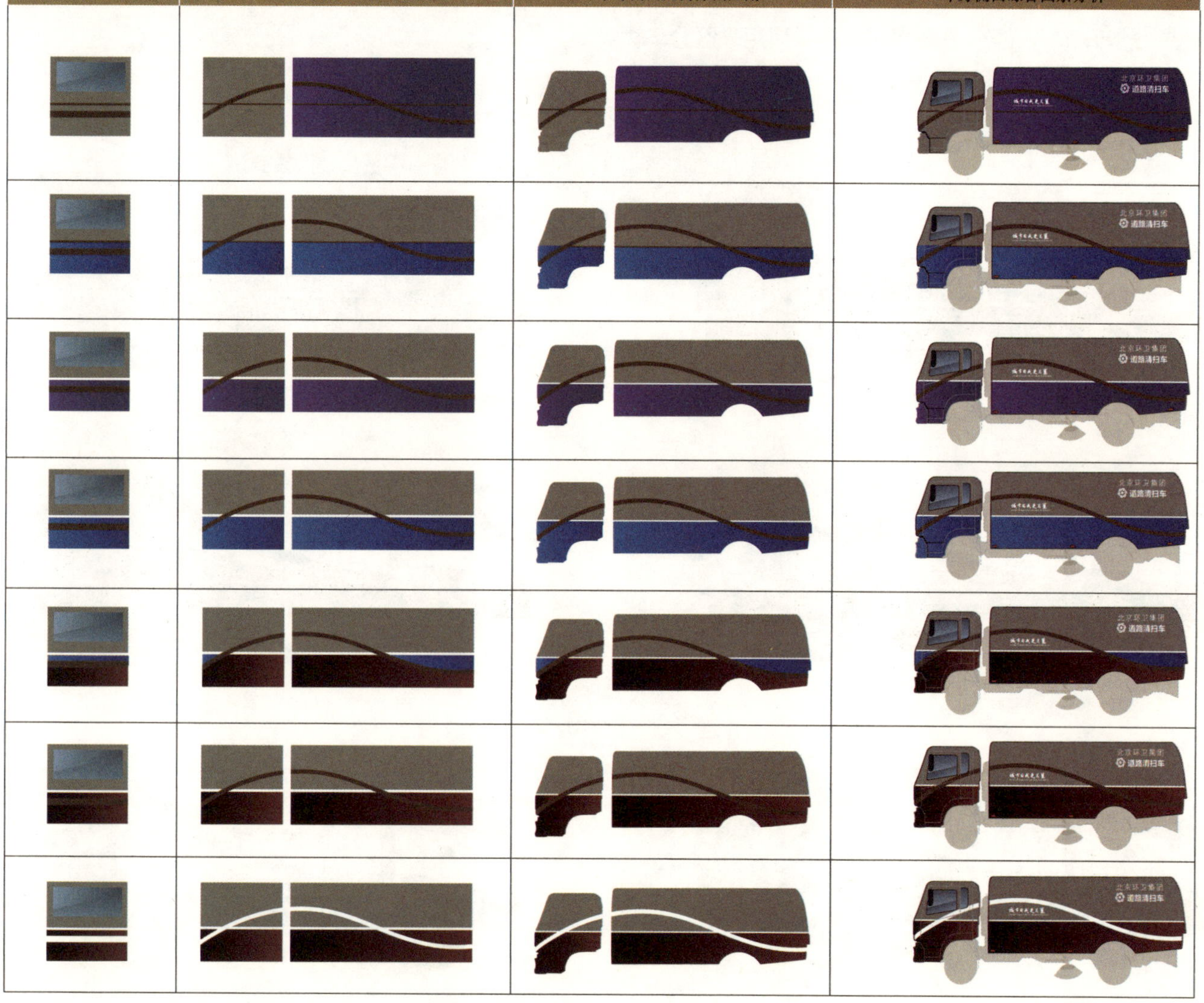

（3）"流动风景线"方案 3

色彩分析表

车头正面几何分割	车身侧面几何分割分析	车身侧面几何分割应用

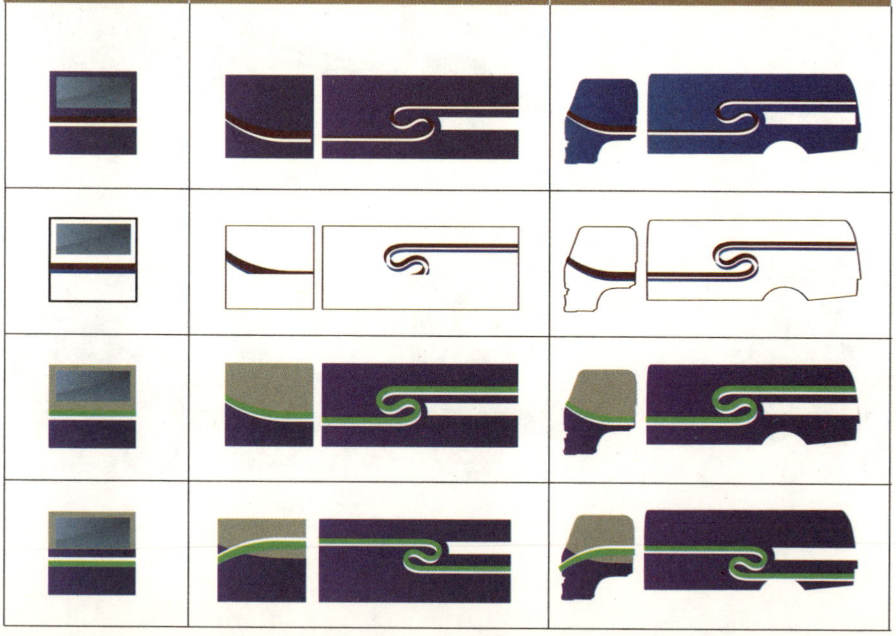

色彩分析表

（4）"流动风景线"方案4

相比之前的曲线版本，本方案进行了简化，但喷涂工艺较难，采用金色或银色曲线提升车辆气势，搭配各种配色，可用来区分车辆类型。

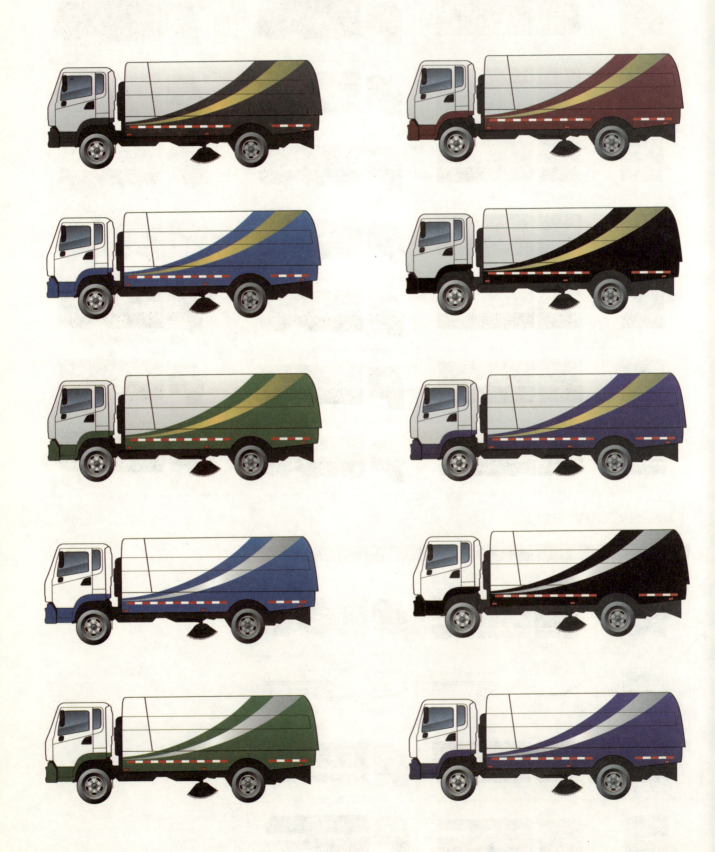

扫路车平面图

5.1.6 "星"系列

充分利用黄金比例的视效优点，仔细研究黄金比例在车体上的利用规律，以环卫之星、首都之星的"星"为元素展开设计，切割变形图案。

设计时，先将车箱部位进行简化处理，就目前调研的车体部分来看，所有都符合 $a<b(a,b$ 见下图) 的条件。图形设计以横向矩形的条件展开，在黄金分割点部位进行分割，盖印五星。尝试多种切割方式，多种图案和配色的组合。

黄金比例： 1:1.618

车体简易图

当车体上包含4~5个角时，五角星可识别。

当车体上包含3个角时，五角星较抽象。

当车体上包含2个角时，五角星抽象。

经各种角数的实验，以下图形是不同角数中比较好的图形选择。

所有分割点是1/4的倍数。

环卫车辆外观色彩设计研究

切割方式尝试表

5.1.7 模块解构

采用解构的思维分析不同类型车辆结构。由于结构复杂，采用垂直和水平的图案设计来统一车辆最为容易，设计一种可根据车辆结构变化的模块化图案。此设计详细分析了不同车型间的异同，利用比例关系，形成了一种可以根据不同车辆结构调整的模块化图案。无论车辆车体大或小，车体上的结构是水平、垂直还是倾斜，此模块化方案都适用。

基础图形

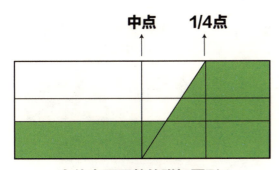

车体表面平整的附加图形

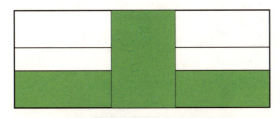

车体有结构的车辆附加图形

车身图案切割比例图

此方案采用了符号化的创新设计思路,将北京符号提取成抽象的蓝色排列三角,用三角代表北京环卫车辆的符号,根据车辆的不同来调整三角的个数和位置。

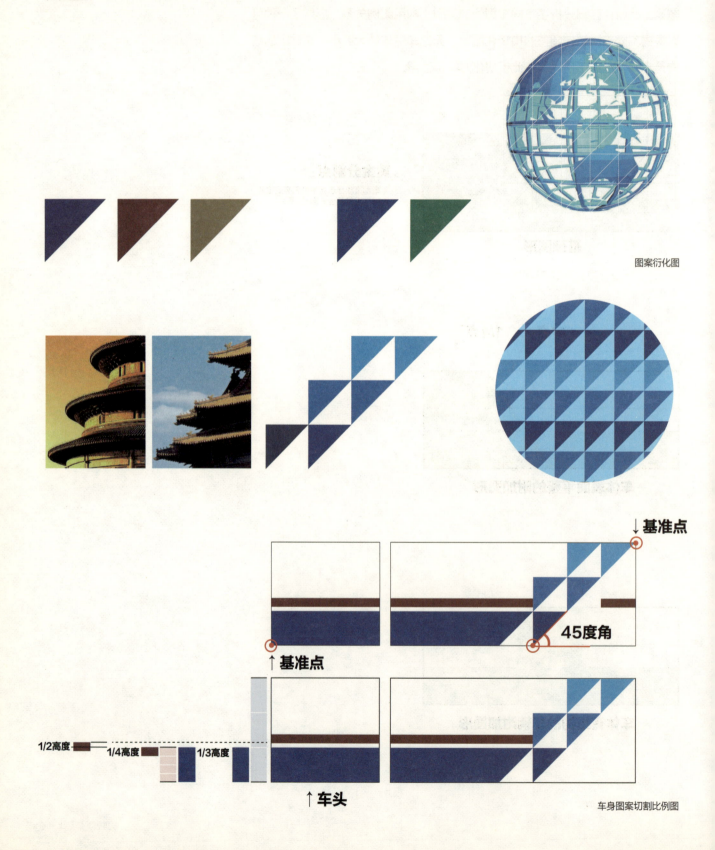

图案衍化图

车身图案切割比例图

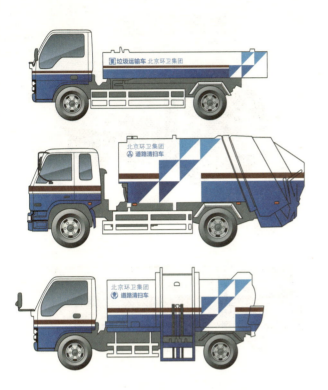
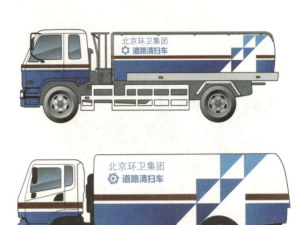

不同车型平面图

扫路车平面图

环卫车辆外观色彩设计研究

不同车型平面图

不同车型平面图

此方案在模块解构的比例基础上进一步分割变化,采用金色调,契合北京城红墙金瓦的形象特征。分割比例舒适。金色为基色,功能色为辅色,车体喷涂不留白。车身搭配水平条纹,可缓解视觉疲劳。

扫路车平面图

实车效果图

PANTONE:141C PANTONE:963C PANTONE:1807C PANTONE:2746C PANTONE:660C PANTONE:292C

PANTONE:141C PANTONE:963C PANTONE:1807C PANTONE:2746C PANTONE:660C PANTONE:292C

＊喷涂潘通色号＊

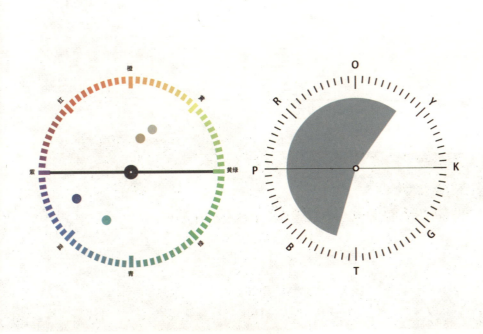

扫路车平面图

扫路车平面图

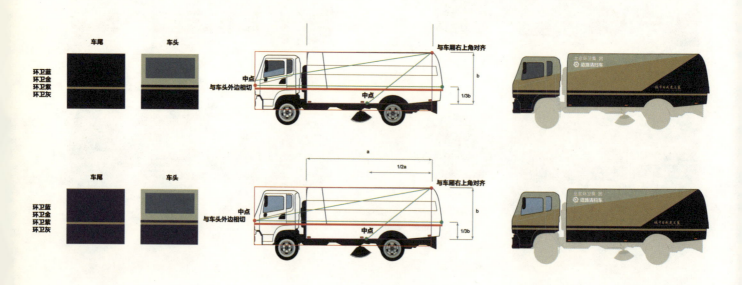

车身图案切割比例图

5.2 环卫车辆标志设计方案

将多种环卫车大致分为几类，为其设计标志，不同种类的环卫车采用统一的色彩，具体车辆种类用标志来区分。

道路作业　　医疗垃圾车　　垃圾运输车　　除雪铲冰车　　移动厕所车　　粪便运输车

垃圾运输车（压缩式）　粪便运输车　　除雪铲冰车　　道路作业车　　医疗垃圾车　　移动厕所车

生活垃圾　　除冰铲雪　　粪便运输　　道路作业　　移动厕所　　医疗垃圾

5.3 中华人民共和国纪念抗日战争胜利70周年阅兵式"金耀蓝"环卫车辆色彩设计

在纪念抗日战争胜利70周年（以下简称"抗战胜利70周年"）之际，华林特装车有限公司与比亚迪汽车工业公司联合研制的全球首款16吨位纯电动洗扫车亮相天安门广场执行清扫任务，并参加阅兵庆典。此款车辆的色彩设计体现了喜庆、大气、创新的特色，并迎合全球首款这一概念。

在设计之初，奠定了直线、弧线等大线条模块化分割的图案思路，采用金色、银色等金属色来展现大国气度与阅兵车辆的气势。对于其中一些设计，喷涂了定制模型来预览设计效果，通过比较分析，选择了一款大气简约的蓝色与金色结合的图案设计，将此款环卫车设计命名为"金耀蓝"。

扫路车平面图

该款环卫车辆车身色彩设计理念为"金耀蓝",即车身主色为金色,辅以蓝色搭配。金色体现了北京传统色彩文脉,与北京的城市灰调复合色相映衬,同时体现环卫集团接地气、脚踏实地地干事创业。蓝色体现了环卫事业追求天蓝水清、清洁、卫生的人居环境的目标;同时,蓝色也与金色形成补色,使得环卫车辆在北京城市中工作时,能够在周围环境色彩中突出、鲜明,符合社会大众对环卫车辆良好的期待与认知。

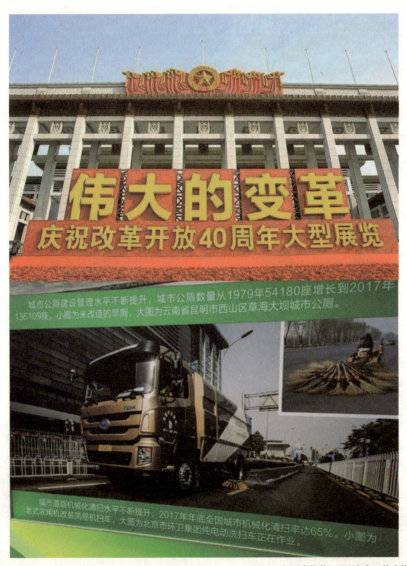

"金耀蓝"环卫车在"伟大的变革——庆祝改革开放40周年大型展览"(国家博物馆)展出

中华人民共和国抗战胜利70周年阅兵式

5.4 京环装备环卫车辆外观色彩设计

北京环卫集团环卫装备有限公司（以简称"京环装备"）历史悠久，前身是中华人民共和国成立后全国第一家环卫车辆制造厂，经历60余年的岁月洗礼。京环装备在纯电动环卫车研发生产领域居行业领先地位，是多项环卫车辆国家标准的制定单位，公司拥有"亚洁""华林""三辰"三个行业知名品牌。"首善要求、首都标准"是京环装备的重要核心竞争力之一，目前已成功在辽宁、河北、河南、新疆、江苏、安徽、云南、贵州、四川、海南等地实现产品服务推广。作为2008年夏季奥运会和2022年冬季奥运会（已中标）唯一环卫服务提供商，曾出色完成中华人民共和国成立后历次国家重大活动的环卫服务保障工作，有力地展示了京环装备的品牌与形象。

在环卫车辆车身色彩设计方面研发出了"青风"系列、"玄酷"系列、"紫电"系列、"碧飞"系列。其中"青风"系列以中重型纯电动洗扫车为主，色彩设计延续了"金耀蓝"设计风格。"玄酷"系列主要包括重型纯电动压缩式垃圾车、中型纯电动自卸式垃圾车和小型垃圾运输车，车头采取全黑喷涂，车身右两条交叉斜线自车尾两端发射，分割色彩填充为金、黑、蓝、白四色。"紫电"系列涉及纯电动餐厨垃圾运输车和吸粪车，车头采取全黑喷涂，车身采取由车厢顶部拉出两条向车厢底部的平行线分割方式，分割色彩填充为金、深紫、蓝、白四色。"碧飞"系列主要是纯电动微型扫路车，车身面积有限，因此采用几条平行四边形的黑色块置于淡黄色底色之上。

新能源系列环卫车发布现场

"一带一路"国际合作高峰论坛举办期间,北京环卫集团投入大量使用自主研发的"金耀蓝""城市勤务兵"等系列纯电动环卫作业车辆,确保了奥林匹克公园以及城区主要责任道路环卫保障工作的圆满完成。

5.5　北京市环卫车辆地方标准研究

在大量设计研究与"金耀蓝"环卫车成功设计的基础之上,继续开展北京市环卫车车辆地方标准的研究与设计工作。

以直线分割图案、少量金属漆喷涂、黄金比例运用这三点为设计方向,通过此前无数次设计样稿与比例分析、纪念抗战胜利 70 周年阅兵式的环卫车辆的设计经验,奠定了北京市环卫车辆地方标准的坚实基础。

出于对分类的需要,北京市环卫车辆的设计定为三套配色,对应道路作业类车辆、生活垃圾和粪便运输类车辆、其他环卫作业车辆。标志色仍采用代表环卫的蓝色,分类色定为碧蓝、晴蓝和酷黑三色。

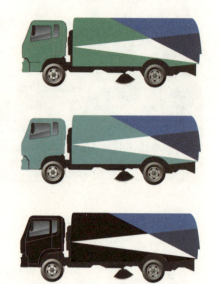

方案论证会在北京市城市管理委员会举行,项目总设计师张晓东向李如刚副主任等领导、专家汇报

目 次

前言 II
1. 范围 I
2. 规范性引用文件 I
3. 术语和定义 I
   3.1   道路清洁作业车辆 I
   3.2   垃圾运输车辆 I
4. 环卫车辆车身色彩要求 I
   4.1   色彩 I
   4.2   车身色彩分割 II
5. 作业标识要求 IV
   5.1   作业图形标识 IV
   5.2   安全警示标识 IV
   5.3   动力形式标识 V
   5.4   标识位置 V

前 言

本标准按照《标准化工作导则 — 第 1 部分：标准的结构与编写》（GB/T 1.1—2009）给出的规则起草。

本标准由北京市城市管理委员会提出并归口。

本标准由北京市城市管理委员会组织实施。

本标准起草单位：北京环境工程技术有限公司、北京环境卫生工程集团有限公司、北京环卫集团环卫装备有限公司、北京印刷学院。

本标准主要起草人：李军华、吴守淳、陈芳、章夏夏、张晓东、何亮、卢炜、张晨光。

* 此标准为讨论稿

环卫车辆标识要求

1. 范围

本标准规定了环卫车辆的车身色彩和作业标识。

本标准适用于道路清洁作业车辆和垃圾运输车辆的车身色彩和作业标识的应用。

2. 规范性引用文件

下列文件对于本文件的应用是必不可少的。凡是注日期的引用文件,仅所注日期的版本适用于本文件。凡是不注日期的引用文件,其最新版本(包括所有的修改单)适用于本文件。

① 《漆膜颜色标准》(GB/T 3181—2008);

② 《天然气汽车和液化石油气汽车标志》(GB/T 17676—1999);

③ 《电动汽车识别标志》(DB11/T 862—2012)。

3. 术语定义

3.1 道路清洁作业车辆

用于道路清扫、保洁、冲刷、清洗的环卫车辆。

3.2 垃圾运输车辆

用于运输生活垃圾、餐厨垃圾、粪便、废旧物资等的环卫车辆。

4. 环卫车辆车身色彩要求

4.1 色彩

① 环卫车辆主色为中蓝与金色,具体颜色参考见图1,具体颜色名称和编号见表1。

图1 环卫车辆主色

② 环卫车辆辅色为艳蓝色与天蓝色,具体颜色名称和编号见表1。

表1　　　　　　　　环卫车辆色彩

车辆类型	配色名称	主色	辅色
道路清洁作业	碧映蓝色彩系	中蓝 PB04 金色（金属漆）	艳蓝 B15
垃圾运输	晴悦蓝色彩系	乳白 Y11	天蓝 PB09

注：颜色标号见GB/T 3181—2008

4.2　车身色彩分割

①车身色彩采用比例分割法，根据不同车体的尺寸按比例分割，不规则车体轮廓可采用投影法，将车体侧面边缘连线为矩形后进行分割，分割线自车顶部和后部平行衔接至另一侧面，见图2。

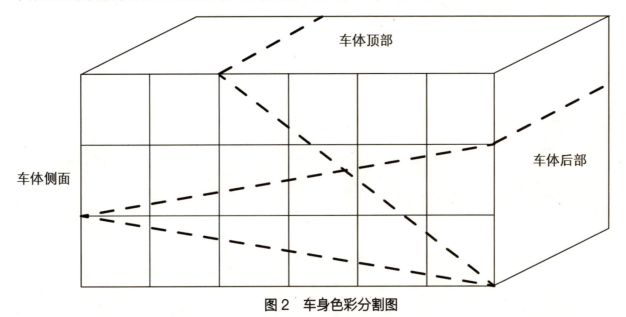

图2　车身色彩分割图

②道路清洁作业车辆车身色彩采用碧映蓝色彩系，见图3。

图3　碧映蓝车身色彩分割图

③垃圾运输车辆车身色彩采用晴悦蓝色彩系，见图4。

图4 晴悦蓝车身色彩分割图

④环卫车辆车身色彩搭配效果见图5和图6。

图5 碧映蓝车系色彩（需调整）

图 6 晴悦蓝车系色彩（需调整）

5. 作业标识要求

5.1 作业图形标识

① 道路清洁作业车辆图形标识示意图见图 7。

图 7 道路清洁作业车辆图形标识示意图

② 垃圾运输车辆图形标识示意图见图 8。

图 8 垃圾运输车辆图形标识示意图

5.2 安全警示标识

① 道路清洁作业车辆后部应安装"道路作业"反光标识牌。示意图见图9。
② 道路清洁作业车辆后部应安装交通导向箭头灯。示意图见图9。

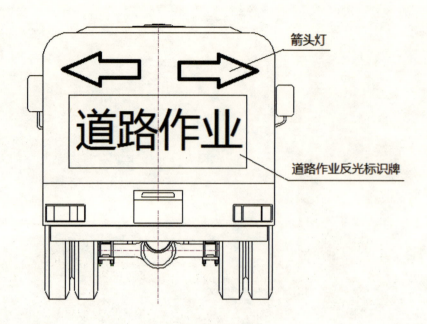

图 9 安全警示标识示意图

5.3 动力形式标识

① 纯电动环卫车辆标识按照 DB11/T 862—2012 的规定执行。
② 天然气环卫车辆标识按照 GB/T 17676—1999 的规定执行。

5.4 标识位置

① 环卫车辆作业内容标识应设置在车辆两侧车厢（或罐体）后方上部位置。
② 当环卫车辆结构无法在上述位置设置时，可将标识设置在车厢（或罐体）前方的上部，根据车厢结构适当下移。
③ 作业内容标识、作业单位及作业车辆类型的位置示意图见图 10。

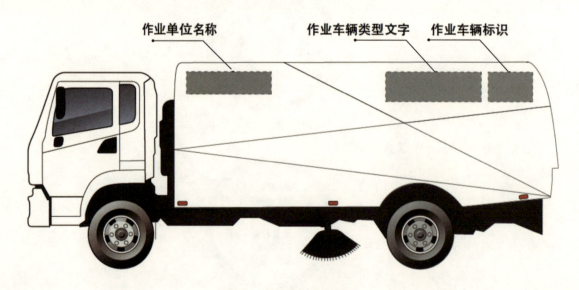

图 10 作业内容标识图

《北京市环卫车车辆地方标准》（讨论稿）在经过初步讨论后，漆色方案在车间进行样车喷涂验证，经过实车验证发现，直线分割图案操作比较简便，但是在色彩适应性方面比较弱，在大型车辆上比较好操作，在车身机械结构较多的生活垃圾和粪便运输类车辆上面，会发生不容易操作的现象，特别是在结构较为复杂的地方，线条交叉无法实施。另外，车身配色超过了三套配色，不符合交通管理的要求。因此，《北京市环卫车车辆地方标准》又进入了第二轮的修订，重点围绕第一稿里的问题，在易操作性、配色数量方面都尽可能地考虑到实际情况的喷涂要求。在新方案中，采用了双平行线的方式，用等分的方式进行图形分割，实际操作简便、易懂，识别性较强。

北京市环卫车车辆地方标准第二稿系列方案

环卫车辆外观色彩设计研究

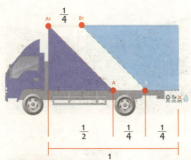

 左侧
 右侧

废品及可回收物
Recyclable

漆色喷涂制作规范：
① 以车厢最底边为1个单位，平均分为2等分，将中间等分点与A（如图）车厢左上角A1连线，形成分割线A-A1。
② 以车厢最底边为1个单位，平均分为4等分，将等分点B（如图）与车厢左上角B1连线，形成分割线B-B1。
③ 分割线A-A1至车头前部喷涂金属蓝（见漆色样板1）。
④ 分割线B-B1至车尾部喷涂金属浅蓝（见漆色样板6）。
⑤ 分割线A-A1到B-B1之间的部分喷白色金属漆（见漆色样板3）。
⑥ 车尾为金属浅蓝（见漆色样板6）。

漆色喷涂制作规范：
① 以车厢最底边为1个单位，平均分为2等分，将中间等分点与A（如图）车厢左上角A1连线，形成分割线A-A1。
② 以车厢最底边为1个单位，平均分为4等分，将等分点B（如图）与车厢左上角B1连线，形成分割线B-B1。
③ 分割线A-A1至车头前部喷涂金属蓝（见漆色样板1）。
④ 分割线B-B1至车尾部喷涂金属绿（见漆色样板4）。
⑤ 分割线A-A1到B-B1之间的部分喷白色金属漆（见漆色样板3）。
⑥ 车尾为金属绿（见漆色样板4）。

车顶视图（车身两侧B1连线）喷涂示意

车尾喷涂示意

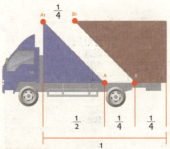

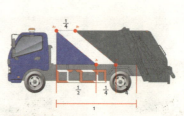

有害垃圾
Hazardous waste

其他垃圾
Other waste

漆色喷涂制作规范：
① 以车厢最底边为1个单位，平均分为2等分，将中间等分点与A（如图）车厢左上角A1连线，形成分割线A-A1。
② 以车厢最底边为1个单位，平均分为4等分，将等分点B（如图）与车厢左上角B1连线，形成分割线B-B1。
③ 分割线A-A1至车头前部喷涂金属蓝（见漆色样板1）。
④ 分割线B-B1至车尾部喷涂金属红（见漆色样板5）。
⑤ 分割线A-A1到B-B1之间的部分喷白色金属漆（见漆色样板3）。
⑥ 车尾为金属红（见漆色样板5）。

漆色喷涂制作规范：
① 以车厢最底边为1个单位，平均分为2等分，将中间等分点与A（如图）车厢左上角A1连线，形成分割线A-A1。
② 以车厢最底边为1个单位，平均分为4等分，将等分点B（如图）与车厢左上角B1连线，形成分割线B-B1。
③ 分割线A-A1至车头前部喷涂金属蓝（见漆色样板1）。
④ 分割线B-B1至车尾部喷涂金属灰（见漆色样板2）。
⑤ 分割线A-A1到B-B1之间的部分喷白色金属漆（见漆色样板3）。
⑥ 车尾为金属灰（见漆色样板2）。

车顶视图（车身两侧B1连线）喷涂示意

车尾喷涂示意

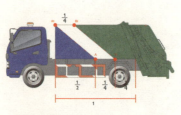

吸粪车

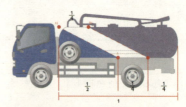

厨余垃圾
Food waste

漆色喷涂制作规范：
① 以车厢最底边为1个单位，平均分为2等分，将中间等分点与A（如图）车厢左上角A1连线，形成分割线A-A1。
② 以车厢最底边为1个单位，平均分为4等分，将等分点B（如图）与车厢左上角B1连线，形成分割线B-B1。
③ 分割线A-A1至车头前部喷涂金属蓝（见漆色样板1）。
④ 分割线B-B1至车尾部喷涂金属绿（见漆色样板4）。
⑤ 分割线A-A1到B-B1之间的部分喷白色金属漆（见漆色样板3）。
⑥ 车尾为金属绿（见漆色样板4）。

漆色喷涂制作规范：
① 以车厢最底边为1个单位，平均分为2等分，将中间等分点与A（如图）车厢左上角A1连线，形成分割线A-A1。
② 以车厢最底边为1个单位，平均分为4等分，将等分点B（如图）与车厢左上角B1连线，形成分割线B-B1。
③ 分割线A-A1至车头前部喷涂金属蓝（见漆色样板1）。
④ 分割线B-B1至车尾部喷涂金属绿（见漆色样板4）。
⑤ 分割线A-A1到B-B1之间的部分喷白色金属漆（见漆色样板3）。
⑥ 车尾为金属绿（见漆色样板4）。

车顶视图（车身两侧B1连线）喷涂示意

车尾喷涂示意

北京市环卫车车辆色彩规范地方标准第二稿

2018年,北京市"两会"期间,北京印刷学院承担的四款环卫车辆车身色彩系统设计在由市政府办公厅主办,北京电视台"市民对话一把手·以人民为中心"大型直播访谈节目中亮相。北京市城市管理委员会孙新军主任在谈到城市治理中垃圾分类问题时,展示出了设计图稿,指出通过统一车身色彩系统和标识系统在内的车辆外观,即"五统一",以此杜绝垃圾混装、混运,提高城市环境治理水平。作为《北京市环卫车辆色彩及标识地方标准》的重要组成部分,与环卫分类功能系统紧密契合,将在未来几年内全市范围内全面实施此新环卫车辆车身色彩系统,以改变大众对环卫车辆原有的消极认识,提升城市垃圾分类效能,构建起一道靓丽的北京城市流动风景线。

北京市环卫车车辆地方标准色彩设计第二稿样车验证

5.6　庆祝中华人民共和国成立 70 周年环卫车辆外观色彩设计

此款参加中华人民共和国成立 70 周年庆典活动的环卫车辆，在"金耀蓝"环卫车基础上，进行了进一步调整。依旧采用以直线分割图案，在蓝色和金色中外加了一个深棕色，在色彩明度上比原来的深蓝色降低了一些，同时，色彩的饱和度也减弱了，其目的是增强三款色彩的协调性，不似"金耀蓝"的强对比。另外，给功能文字留出足够的空间，棕色色带贯穿整个车头和车身，形成较好的连贯性。这个车身色彩的工业感较强，侧围挡也被隐含到整体色彩中，并没有影响到扫刷伸出半径的工作功能。

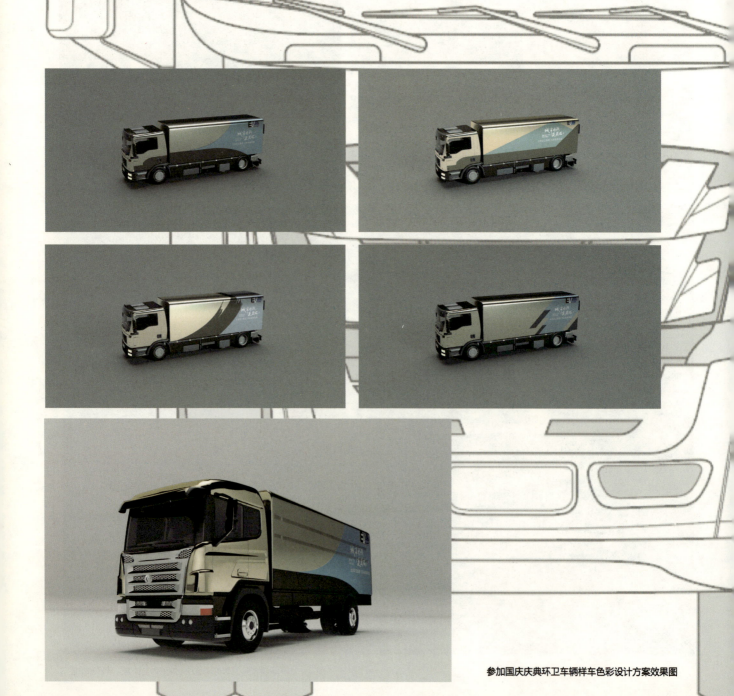

参加国庆庆典环卫车辆样车色彩设计方案效果图

参加国庆庆典环卫车辆样车色彩喷涂验证

后记

本书涉及了对环卫装备的外观设计细分研究，内容是围绕作为城市化管理重要组成部分的北京市城市车辆车身色彩设计这个实际项目展开的，此设计项目在本书稿写作结束之时，还在进行，自2014年9月7日项目正式启动，至今已有将近五年时间。

京环装备企业环卫车辆外观色彩设计团队以北京印刷学院张晓东、蒋云涛为核心，蒋云涛对环卫车辆外观色彩的系统构建及色彩调配、施工起主导作用，京环装备董事长李嘉龙、副总经理薛振东等人提供了相应的条件支持。设计成品"金耀蓝"外观色彩及升级版，作为天安门区域环卫保障用车，参与了世界反法西斯战争胜利70周年9.3阅兵仪式及中华人民共和国国庆70周年活动。

北京市城市管理委员会委托北京印刷学院进行的北京市环卫车辆外观色彩设计，由张晓东主创并主导了整个设计过程，北京市环境卫生设计科学研究院机械研究室王晓燕主任对项目的实施提供了相关研究材料，团队成员王琛参与了前期全部的调研及初稿设计工作，并在此研究基础上形成了其本人的硕士毕业论文。团队成员张承参与了设计作品三维演示，及协助形成方案稿参加"中国设计红星奖"的评选。设计团队成员还包括薛家莹、杜新汶、邓晨杰、唐宗、谢玲玉、胡尚敏、乔鑫、任峙园、刘宇、迟鑫、谭潜、胡晴、王琬慧、李文轩、张君桓、李鑫瑶、于慧恩等人，相关团队成员在项目的不同工作周期参加过相应的设计工作，北京印刷学院设计艺术学院的《综合设计实践》课程（2015级、2016级专业硕士研究生）、《品牌设计》课程（2012级、2013级视觉传达设计专业品牌与广告设计专业方向本科生）中的部分同学也参加本项目的调研与初步设计思考与推敲。在研究与设计过程中，设计团队也参阅了众多国内外的相关学术研究成果，在此，对所有参加此项目的个人与单位，或为保证项目的顺利进行提供了直接、间接支持的相关领导、专家、学者表示深深的敬意与感谢！恕未能将全部项目参与者名单一一列出。如发生相关图片、理论、参考资料未及时列出的情况，请及时告知，以便更正。本书作为国内首部专门对环卫车辆车身色彩进行系统研究的著作，可直接借鉴资料不多，更多的是来自于调查、实践中研究形成的理论探索，存在诸多不足，请读者不吝赐教。

张晓东

2019年5月于西城清芷园

参考文献

[1] 吉田丰太郎. 汽车色彩的变迁与将来的动向——色彩设计与涂色设计 [J]. 汽车工程，2003(25).

[2] 崔唯. 巴黎的城市色彩 [J]. 流行色. 2005，(9):1.

[3] 洛伊丝·斯文诺芙 (Lois Swirnoff). 城市色彩——一个国际化视角 [M]. 北京：中国水利水电出版社，知识产权出版社，2007:182-183.

[4] 洛伊丝·斯文诺芙 (Lois Swirnoff). 城市色彩——一个国际化视角 [M]. 北京：中国水利水电出版社，知识产权出版社，2007:182-183.

[5] 董雅，席丽莎. 城市色彩的形成演变和发展建议——以天津城市色彩设计为例 [J]. 华中建筑，2007，(12):3-4.

[6] 王璐. 上海城市色彩景观规划的现状与分析——以外滩、淮海中路、朱家角三个地段为例 [J]. 广西艺术学院学报，2007,2(21):1.

[7] 徐雷，付鹏，郭震，姜李羚. 运用色彩科学提升城市形象——对南京城市色彩规划的分析研究 [J]. 美术大观 .2014(11):104.

[8] 张继晓. 城市交通工具色彩设计 [M]. 北京：中国林业出版社 .2012.

[9] 王大珩，荆其诚，孙秀如，林志定，张家英. 中国颜色体系研究 [J]. 心理学报，1997，29(3)：225-233.

[10] 许卉莹，裘晨璐. 车身颜色与事故风险度相关性模型研究 [J]. 中国公共安全：学术版，2015(2):5.

[11] 张惠东. 试论城市色彩规划设计的原则 [J]. 科技情报开发与经济，2006，(3):1.

[12] 崔唯. 城市色彩的浓妆与淡抹 [J]. 百科知识 .2004，(12).

[13] 北京市人民政府. 北京市城市建筑物外立面保持整洁管理规定 [S].2000,8.

[14] 苏华. 色彩理论研究与色彩应用——北京出租车色彩设计方案分析 [J]. 装饰，2008，(12):2.

[15] 张继晓. 城市交通工具色彩设计 [M]. 北京：中国林业出版社，2012.

[16] 李朝辉. 北京环卫集团品牌发展战略研究 [D]. 北京：北京交通大学，2011.

[17] 杨艳琴，余隋怀，孙根正，杨延璞. 基于知识的专用车色彩设计研究 [J]. 现代制造工业，2013(10).

[18] 北京市人民政府. 北京市城市建筑物外立面保持整洁管理规定 [S].2007.

[19] 金容淑. 设计中的色彩心理学 [M]. 北京：人民邮电出版社，2013.

[20] 陈蕾. 色彩设计与应用 [M]. 北京：中国纺织出版社，2013.

[21] 杨松. 产品色彩设计 [M]. 南京：东南大学出版社，2014.

[22] 诺曼·布拉德伯恩，希摩·萨德曼，布莱恩·万辛克. 问卷设计手册 [M]. 重庆：重庆大学出版社，2011.

[23] 托马斯·波绍科，马丁·波绍科. 超级图形创意 [M]. 北京：中国青年出版社，2013.

[24] 张寒凝，许继峰. 工业产品色彩设计教程 [M]. 南宁：广西美术出版社，2009.

参考文献

[25] 鸿洋．中国传统色彩图鉴 [M]．北京：东方出版社，2010．

[26] 薛澄岐．产品色彩设计 [M]．东方出版社，2008．

[27] 北京领先空间商用色彩研究中心．全国商用色彩设计指南 [M]．北京：中国青年出版社，2008．

[28] 任丽敏．产品设计色彩 [M]．北京大学出版社，2013．

[29] 黄仁达．中国颜色 [M]．北京：人民东方出版传媒，2013．

[30] ERIDA DULE, MUHĐTTĐN GÖKMEN, M. SABUR BERATOĞLU.A Convenient Feature Vector Construction Vehicle Color Recognition[C].FUZZY SYSTEMS & EVOLUTIONARY COMPUTING

[31] Hung-Cheng Tsai，Shih-Wen Hsiao，Fei-Kung Hung.An image evaluation approach for parameter-based product form and color design[J].Computer-Aided Design.2006

[32] S. Newstead & A. D'Elia.An Investigation Into the Relationship Between Vehicle Colour and Crash Risk[R].Monash University Accident Research Centre.2007,3

[33] Pablo Lardelli-Claret,Juan de Dios Luna-del-Castillo,José Juan Jiménez-Moleón,Pedro Femia-Marzo,Obdulia Moreno-Abril,and Aurora Bueno-Cavanillas.Does Vehicle Color Influence the Risk[C].EPIDEMIOLOGY.2002(13)

[34] S Furness, research fellow,1 J Connor, senior lecturer,1 E Robinson, biostatistician,1 R Norton, professor of public health,2 S Ameratunga, senior lecturer,1 and R Jackson, professor of epidemiology.Car colour and risk of car crash injury:population based case control study[J].BMJ.2003,12

[35] Lardelli-Claret P1, De Dios Luna-Del-Castillo J, Juan Jiménez-Moleón J, Femia-Marzo P, Moreno-Abril O, Bueno-Cavanillas A.Does Vehicle Colour influence the Risk of Being Passively Involved in a Collision[J].Epidemiology.2002,11

[36] Stephen S. Solomon, James G. King.Influence of color on fire vehicle accidents[J].Journal of Safety Research.1995(26)

[37] 卢李．探究色彩美学在电动环卫车造型设计中的运用 [J]．房地产导刊，2014，(19)．

[38] 传统色彩与现代应用——海峡两岸传统色彩与现代应用学术研讨会论文集，2010．

[39] 严艳萍．城市公共交通色彩设计研究——以武汉市为例 [J]．学习与实践，2013(1)．

[40] 王善涛，张进生，王志．高空作业车色彩应用分析 [J]．包装工程，2009(10)．

[41] 刘志斌，姚君，王选．基于色彩数据分析的高空作业车产品色彩设计研究 [J]．包装工程，2014(10)．

[42] 张琳．汽车外饰漆色彩发展规律研究 [D]．长春：吉林大学，2013．

[43] 鞠清绘，段行月，郑君玲．油罐车的色彩装饰设计 [J]．汽车科技，2005(4)．

[44] 何洁, 原博. 和谐之美—北京奥运会形象景观与国家形象塑造 [J]. 装饰, 2011.5(217).

[45] 杨媛媛. 汽车造型开发中的色彩设计流程 [J]. 院校风采, 2010.10(210).

[46] 雨田. 旧车漆常见缺陷及治理 [J]. 汽车维修, 2002,4.

[47] PCauto. 北汽福田环卫专用车 迎接 2008 北京奥运 [EB/OL].pcauto.2004,9,8.

[48] 任福艺. 北京市城市道路无障碍公共交通设施调查与规划对策研究 [D]. 北京：北京建筑工程学院, 2012.

[49] 李康. 城市公共交通设施中色彩设计的人性化改善 [D]. 无锡：江南大学, 2008.

[50] 崔胜男. 城市公交客车车体色彩设计研究 [J]. 牡丹江大学学报, 2011,6.

[51] 苏畅. 对汽车色彩设计的初步研究 [D]. 长春：吉林大学, 2005.

[52] 肖献法. 给垃圾车做点"艺术装饰"怎么样？——由国外少数垃圾车"彩绘"想到的 [J]. 商用汽车 - 专用汽车与配件,

　2013,3.

[53] 曹飞舟. 国产轿车色彩设计与管理研究 [D]. 长春：吉林大学, 2005.

[54] 俞嘉虎. 论船舶造型中的色彩设计 [J]. 重庆交通学院学报, 2005.